教育部哲学社会科学研究重大课题攻关项目"我国教师职业心理健康标准及测评体系研究"(11JZD044)成果集成

陕西师范大学优秀学术著作出版资助

总主编　游旭群

卓越教师行为理论与实证研究

姬　鸣　著

陕西师范大学出版总社　西安

图书代号　ZZ24N0706

图书在版编目（CIP）数据

卓越教师行为理论与实证研究／姬鸣著．—西安：陕西师范大学出版总社有限公司，2024.9
ISBN 978-7-5695-4008-6

Ⅰ.①卓… Ⅱ.①姬… Ⅲ.①教师—行为科学—研究 Ⅳ.①G451.6

中国国家版本馆 CIP 数据核字（2023）第 242104 号

卓越教师行为理论与实证研究
姬　鸣　著

特约编辑	张　曦	
责任编辑	王东升	
责任校对	孙瑜鑫	
封面设计	金定华	
出版发行	陕西师范大学出版总社	
	（西安市长安南路 199 号　邮编 710062）	
网　　址	http://www.snupg.com	
印　　刷	西安报业传媒集团	
开　　本	787 mm×1092 mm　1/16	
印　　张	9	
字　　数	215 千	
版　　次	2024 年 9 月第 1 版	
印　　次	2024 年 9 月第 1 次印刷	
书　　号	ISBN 978-7-5695-4008-6	
定　　价	59.00 元	

读者购书、书店添货或发现印装质量问题，请与本社高等教育出版中心联系。
电话：(029)85303622（传真）　85307864

总　序

在第39个教师节到来之际,习近平致信全国优秀教师代表,强调要大力弘扬教育家精神,为强国建设、民族复兴伟业作出新的更大贡献,并首次提出、深刻阐释了中国特有的教育家精神的时代内涵,即"心有大我、至诚报国的理想信念,言为士则、行为世范的道德情操,启智润心、因材施教的育人智慧,勤学笃行、求是创新的躬耕态度,乐教爱生、甘于奉献的仁爱之心,胸怀天下、以文化人的弘道追求"。这一阐释,既是对教师的关心与重视,也是对教师的指引与要求。

教师是立教之本、兴教之源,是教育发展的第一资源。在这个快速发展的时代,教育的重要性日益凸显,教师作为教育的主体,其心理健康问题也日益受到关注。教师职业心理健康不仅关系到教师个人的职业幸福感和获得感,更关系到学生的成长和发展,影响国家的教育质量和人才培养。教师自身自尊自信、心态阳光,才能培育出德才兼备、能担当民族复兴重任的学生。落实立德树人根本任务的重要途径和重要抓手在于维护教师职业心理健康。2023年10月10日是第32个世界精神卫生日,国家卫生健康委员会及教育部将全国宣传主题确定为"促进儿童心理健康,共同守护美好未来",呼吁全社会共同关注儿童青少年心理健康,增进儿童青少年健康福祉。加强学生心理健康工作已经上升为一项国家战略。学生心理健康工作与教师息息相关,教师职业心理健康不仅影响着教师能否完成传播知识、传播思想、传播真理的历史使命,更决定着其能否担当塑造灵魂、塑造生命、塑造人的时代重任,能有效落实立德树人根本任务。长期以来，有关心理健康的研究多基于西方理论和工具，并以关注症状为主，学校心理健康工作主要关注学生的异常心理状态，教师队伍建设缺乏对教师价值观、使命感等"育人"所必需品质的考核评价体系，也缺少有效的师德养成及提升措施。为了解决上述制约新时代我国高质量教育体系建设中存在的重大理论与现实问题，教育部哲学社会科学研究重大课题攻关项目"我国教师职业心理健康标准及测评体系研究"（11JZD044）获批立项，经过12年的研究和积累，相关的理论与实证研究成果集成了本套丛书。

本套丛书共10册，所涉及的主题有中国社会文化背景下的心理健康理论建构、教师职业心理健康评价、卓越教师行为理论与实证、教师职业情绪与情感、教师职业幸福感、教师职业人格与职业道德、教师品格、教师职业心理健康促进、教师职业心理适应、中小学教师职业心理健康。研究将马克思主义基本原理同中国具体实际相结合，同中华优秀传统文化相结合，打造了具有中国风格的教师职业心理健康理论体系，确立了教师职业心理健康评价体系，丰富了当代中国心理学的理论体系。通过理论和实证研究，从教育情境中的师生互动模型及相互影响出发研究教师职业心理健康，系统揭示了教师职业心理健康对教育教学行为及学生心理健康和行为产生作用的内在机制问题。

在本套丛书的编写过程中，我们得到了全国各地教育学家、心理学家、教育行政管理人员以及一线教师的大力支持。希望本套丛书的出版能够对有关政策的制定、教师教育工作的开展及基础教育的发展做出贡献，也希望本套丛书能够成为教师在职业发展过程中的良师益友，助推教师弘扬教育家精神，坚持为党育人、为国育才的初心使命。

最后，我们要感谢为本套丛书付出辛勤努力的审稿、编辑、设计等工作人员，是他们的辛勤付出使得本套丛书能够面世。我们相信，在广大教育工作者的共同努力下，我们的教育事业必将更加繁荣昌盛。

游旭群

2023年10月

前　言

教育是国之大计、党之大计。教师是立教之本、兴教之源，承担着让每个孩子健康成长、办好人民满意的教育的重任。在现代教育教学实践中，一名卓越教师应该拥有先进的教学理念，具有高尚的人格情操、渊博的学识、崇高的职业使命感等心理特征，还应该具备促进学生认知发展，提升学生的情感态度、价值观念、心理健康等行为特征。卓越教师行为不仅包含了推动学生认知发展的教学行为，同时也包含了塑造学生健康人格的育人行为。因此，深入探讨卓越教师行为内涵和核心特征，科学评估卓越教师行为，对推进教师教育、促进学生发展、提高现代教育质量具有重要的意义。

本书对卓越教师行为理论进行了较为完整的介绍，针对我国教育实践对卓越教师行为评定进行了实证研究，提出了卓越教师行为发展和促进的策略。全书共包括七章内容。第一章介绍卓越教师的内涵及其与学生发展的关系；第二章从个性特征和核心素养角度阐述了卓越教师的心理特征；第三章基于卓越教师的行为特征和行为评价回顾了国内外卓越教师行为的研究进展；第四章基于以往研究中存在的不足以及教师职业能力发展的要求，提出了以教学支持、课堂组织和情感支持为核心的卓越教师行为理论模型；第五章针对卓越教师行为理论，采用理论分析、访谈、现场观察、问卷调查以及因子分析等方法和手段对卓越教师行为的测量模型开展了实证研究，构建了卓越教师行为评估工具。第六章通过问卷调查和现场研究揭示了卓越教师行为在教师职业心理健康与学生心理健康关系中的作用机制；第七章针对上述研究结论，从教学支持、课堂组织和情感支持维度提出了卓越教师行为发展和促进的策略和方法。

总体上,本书对卓越教师行为评估的理论和方法进行了理论和实证分析,文献资料详实,结构框架严谨,实证研究结论可靠,具有较强的创造性、学术性和可读性,对于推进教师教育改革与实践,提升我国基础教育教师行为评价质量具有较强的理论意义和实践价值。本书也适合教育学、心理学和管理学相关专业学生阅读,也可供从事教育评价与管理、教师职业心理健康研究、学生发展与教育研究的相关学者参考。

本书得到教育部哲学社会科学研究重大课题攻关项目"我国教师职业心理健康标准及测评体系研究"(11JZD044)、陕西教师发展研究计划重大项目"教师职业心理健康成长与建设策略研究"(SJS2022ZZ008)以及陕西师范大学优秀学术著作出版资助。在本书出版过程中,得到了陕西师范大学社会科学处、陕西教师发展研究院的大力支持。另外,在本书撰写过程中,博士研究生王浩、王凡、申涵子、门磊、邓魁、韩飞以及硕士研究生徐郁轩参与了部分章节的修改与校对工作。在此一并表示衷心地感谢!

尽管我们对书稿进行了反复修改,但由于学识所限,疏漏和错误在所难免,对于存在的不足和不妥之处,恳请读者和同行不吝指正!

姬 鸣

2024 年 7 月

Contents 目 录

第一章　卓越教师 ·· 1

第二章　卓越教师的心理特征 ·· 8
　　第一节　卓越教师的个性特征 ·· 8
　　第二节　卓越教师的核心素养 ··· 14

第三章　卓越教师行为研究 ··· 22
　　第一节　卓越教师行为特征 ·· 22
　　第二节　卓越教师行为评价 ·· 26

第四章　卓越教师行为理论构建研究 ······································ 35
　　第一节　卓越教师行为研究述评 ·· 35
　　第二节　卓越教师行为理论模型 ·· 43

第五章　卓越教师行为实证研究 ··· 59
　　第一节　卓越教师行为评估研究 ·· 59
　　第二节　卓越教师行为评估实证研究 ·································· 65

第六章　卓越教师心理和行为对学生发展的作用 ····················· 78
　　第一节　卓越教师职业心理健康与学生发展的关系 ·············· 78

第二节　卓越教师行为在教师职业心理对学生心理健康发展中的作用 …………………………………………………… 84

第七章　卓越教师行为发展与促进 …………… 91
第一节　卓越教师教学支持行为发展与促进 ………… 91
第二节　卓越教师课堂组织行为发展与促进 ………… 98
第三节　卓越教师情感支持行为发展与促进 ………… 108

参考文献 ………………………………………… 117

第一章　卓越教师

卓越教师是指拥有先进教学理念,具有高尚人格情操、渊博学识、崇高职业使命感等心理特征,能够综合运用有效教学策略,促进学生在知识与技能、过程与方法、情感态度与价值观上不断进步与发展的教师。从某种程度上讲,卓越教师研究就是从有效教学和教学效能研究中衍生出来的,属于教师专业能力发展的研究领域。

卓越教师研究经历了三个发展阶段。第一阶段基于有效教学研究,提出卓越教师的个性特征或品质,如人格、态度、经验和能力倾向、成就等,继而探讨这些特征与有效教学行为的关系。第二阶段研究挖掘了卓越教师独有的个人魅力与风格,如外表形象、亲和力、智慧、灵活性及情感表达等,以及对学生深切关怀、高标准期望、教学技艺精湛、学科知识储备深厚及教学适应力强,强调了培养或强化这些特质对于教师卓越成长过程的重要性(丁舒,2007)。第三阶段从教师与学生相互作用的课堂层面,探讨卓越教师促进教学有效性的工作策略,如教学目标明确、熟悉教学内容和策略、恰当运用教学材料、了解学生、教给学生"超认知策略"、创设情境等。

卓越教师是促进学生全面成长的关键因素,对学生认知能力、价值观念构建及行为模式形成产生长期且深刻的影响。自20世纪起,学术界对卓越教师的研究逐渐深入,其关注点可归结为两大维度:一是卓越教师的本质界定,即探讨何为真正的卓越教师,聚焦于建立一套标准或框架,对卓越教师的特质进行"规范性"描述;二是卓越教师成长路径的探析,旨在揭示这些杰出教育者的发展经历,探讨培养卓越教师的途径与策略。两者相辅相成,共同构成了对卓越教师全面而深入的理解(于春艳 等,2013)。

一、卓越教师的内涵

卓越教师不仅与学生建立了更为和谐的关系,更在启迪学生智慧、传授真知方面展现出非凡的能力。卓越教师不仅是课堂活动的积极倡导者与实施者,还是课程规划的创新设计者与高效执行者,他们时刻关注学生的个性化需求,以反思精神不断优化教学策略,全力推动学生的社会情感与学术能力双重发展。尤为重要的是,卓越教师致力于素养教育的深化,他们善于激发学生的社会责任感,引导学生学会担当,旨在培养出能够积极贡献于社会的优秀公民。这一过程中,学生不仅获得了知识与技能的提升,更在情感态度与价值观上实现了质的飞跃(严玉萍,2008)。

朱永新等(2000)指出,卓越教师等同于专业素质成熟的教师,在专业发展阶段已经完成了角色转变,具备娴熟的课堂教学技能,他们的教学需要从关注自己是否能够完成教学任务到对学生个性差异的关注、教学策略的运用和教学风格的形成,尤其关注教学效率。教师教育评价中,应该将重点放在与学生学业成绩、个人发展密切相关的教师关键行为上。

谌启标(2006)认为,卓越教师一方面能满足学生需要的成功尺度,另一方面能满足社会需要的成功尺度。他们致力于培育学生成为具备高度自主性和责任感的终身学习者,掌握诸如自我驱动、责任感及持续学习等核心能力。这一过程中,卓越教师旨在促进学生全面发展,使之成为积极、自信且具备竞争优势的个体,能够在日新月异的社会环境中主动适应并不断进步。

卓越教师作为有效教学的前提和保障,对学生的学业成绩和认知发展产生重要影响。卓越教师是课堂中的教育者、社交者、激励者和指导者。一方面,他们通过传授学习技能,使学生具备独立学习的能力,甚至成为终身学习者。另一方面,他们对学生人格的塑造、人文素养的培养、社会责任感的生成,为其成为有贡献的公民具有积极长远的推动作用。可见,卓越教师的内隐心理特征和外显行为特征共同对学生的认知、技能、情感、行为和价值观念产生影响。

目前,卓越教师特征研究主要集中在人格品质和完成教学认知目标的课堂教学行为上,忽视教师发挥调控课堂、师生互动、情感态度和价值观建构作用的行为特征,对教师教学过程中内隐情感和思想等心理学变量探究较少。有研究发现,能有效完成教育教学任务,促进学生身心全面发展,专业水平得到升华的教师具备共同的心理和行为特征。因此,笔者从这个视角出发,结合以往卓越教师研究成果,从学生视角、教学视角和综合特征视角三个方面来理解卓越教师。

1. 学生视角的卓越教师

Clarke 等人(1993)和 Sullivan(2001)都强调,卓越教师不仅精通课程知识的传授,更善于采用多样化的教学策略,以匹配学生特性,从而显著提升其可量化的学业成绩。Okpala 等人(2005)揭示了卓越教师的关键行为特征:如他们不仅致力于知识传授,更关注学生的学习过程,力求因材施教,确保每位学生都能高效学习。这些教师善于运用促进学习的技巧,营造积极向上的学习氛围,让学生在掌握知识与技能的同时,激发学生自主学习的潜能,并全力支持学生在此过程中实现自我成长。

上述界定侧重于学生学业成绩的量化评估,忽略了学生技能、情感、态度及价值观等综合素养的考量,未能体现"全面发展"的育人理念。实际上,学生的发展是一个多维度、综合性的过程,超越了单一学业成绩的范畴。依据学习理论,学生成绩仅是众多影响因素(如社会、家庭、学校环境等)交织作用下的外在表现,将其作为评价教师教学质量的唯一或主导标准,显然具有局限性。因此,研究者们逐渐倾向于超越"成绩"这一静态维度,转而从学生学习体验与成效的动态视角来界定卓越教师的行为,认为通过评估学生的学习行为来间接评价教师,更为科学与全面。另外,教师的发展被视为一个内源性的过程,强调教师自主成长的重要性。在这一视角下,卓越教师的评价标准应聚焦于教师内在素养的提升与自我实现,而非仅仅作为外部评价体系的被动接受者。教师教育的核心在于促进教师的自主发展,故而对卓越教师的评价应当回归教师本体,关注其内在动力与专业成长。

2. 教学视角的卓越教师

从教学艺术的角度出发,研究者们对"卓越教师"的描绘涵盖了深厚的学科知识基础、公正的评估态度、以及卓越的讲解与课程设计能力。Goodlad(1984)对"卓越"的阐释则侧重于教师技能与学生培养的双重视角,前者聚焦于教学技巧,旨在激发学生主动或潜意识的学习参与;后者则体现了教师对学生个体成长的深切关怀与人性化理解。这一视角强调,卓越教师不仅需精通教学之道,还应具备促进学生全面发展的深厚情感与专业知识(Sanders et al., 2002)。Young(1990)则进一步细化了卓越教师的特征,指出他们应善于课程规划与实施,具备敏锐的学生学习行为观察能力,并能灵活运用多种策略激发学生的求知欲。此外,卓越教师还致力于构建和谐的师生关系,为学生的学习过程营造积极氛围。广为人知的是,"教"与"学"两者相辅相成,构成了不可分割的"教学共生体",这一概念常被喻为"教学对"。卓越教师的特质可借助"卓越教学"这一理念来深刻阐释。卓越教学不仅体现了卓越教师在教学技艺上的高超,更蕴含了他们对教育理念的深刻理解与践行,从而全面展现了卓越教师的内涵与特征。

Vogt(1984)主张卓越教师应具备高效的教学能力,能以个性化教学方式促进学生有效学习。Good(1994)认为卓越教师善于优化课程资料呈现,紧密关注学生的需求,通过细致的课堂观察与灵活的教学调整,为学生提供丰富的学习机会,并始终保持积极的目标导向,巧妙地在课程引入与总结中激发学生的内在动机。Cotton(1995)聚焦教学准备与整合能力,强调卓越教师能精心备课,巧妙融合传统学科内容,对学生寄予明确期望,同时在教学中精准定位学生的角色,确保教学过程清晰而聚焦,助力学生深入理解与掌握所学的知识。

卓越教师不仅语言精练准确,还善于辅助语言的灵活运用,增强了教学效果。Richardson等人(1990)研究表明,卓越教师能够多样化举例,精心备课,拥有丰富的学科知识和学生学习理论,激励学生积极参与学习活动,并保障充足的参与时间。同时,他们善于巧妙提问,并在学生反馈时展现耐心等待的艺术。然而,尽管这些研究从教学互动的角度审视卓越教师,仍存在改进空间,未深入触及教学的本质内涵和有效教学的表象特征。这种视角倾向于将教师视为技术执行者,强调技能而非理解力,体现了早期教师教育观的局限性。卓越教师需超越技术层面,探索教学背后的"原理",即教学目的与意义,向专家型、研究型、反思型的教师转变。他们不仅要精通教学方法,更要理解其背后的理论依据,具备持续反思与科学探索的精神,勇于面对挑战,在问题解决中促进自我成长。此外,现有定义往往忽略了教师情感维度的重要性。教师的情感投入、态度与价值观深刻影响着学生的情感发展、态度形成及价值观塑造,具有长远的教育意义。因此,全面理解卓越教师,还需关注其情感特征,以及这些特征如何积极作用于学生的全面发展。

3. 综合特征视角的卓越教师

近年来,研究者们尝试通过构建综合性的标准体系来界定卓越教师。例如,Wotruba等人(1975)提出了一个多维度的卓越教师模型,该模型强调教师需具备深厚的学科知识基础,并能以耐心和有条理的方式传授;教师还需灵活地运用多样化的教学策略,实现高效教学;在师生交流方面,卓越教师应展现出卓越的沟通能力,确保信息传递的顺畅与有效。此外,他们对学生持有积极的态度和秉持公平公正的原则,这一系列特征构成了卓越教师的独特特征。

Collins(1990)进一步建立了卓越教师的五个标准:对学生的学习负责,掌握学科知识,有责任管理学生,系统地思考自身的实践,终身学习。一些学者认为卓越教师"关心、支持、关注学生的健康,具有丰富的学科知识,能够与他人很好地相处,对工作怀有热情,能够帮助学生学习"。卓越教师是具有较强认知技能的学科专家,能够运用多种教学策略满足学生的需要。

基于上述阐述,卓越教师的特征主要是从认知与情感两大层面进行剖析。认知层面包括专业能力、终身学习、教学反思、教学创新等技能因素,而情感层面涵盖了诸如关爱、人际交往、教学热情等关键要素。然而,随着时代的变迁,教师素养的构成亦处于动态演变之中,新要素不断涌现。鉴于此,探索一个精准且具操作性的定义框架显得尤为重要,需明确哪些要素为关键,其核心价值何在,以及各要素在定义体系中的相对重要性,不仅是为卓越教师研究奠定了良好的理论,而且为人们追求教育卓越之路铺设了明确的导航路径。

二、卓越教师与学生成就之间的关系

在卓越教师与学生成就之间的关系上,学者们存在一定的分歧。一些学者认为二者是正向的关系,另一些学者认为有一定联系,还有一些学者则坚持认为二者没有必然固定的联系。国外的一些观察研究表明,教师质量与学生成就之间存在一定关系。卓越教师的特征能够显著地影响学生的学习及其学业成就。这些研究多是通过自我报告问卷和访谈来调查学生视角中卓越教师特征而得出的结论。Dan 等人(1999)发现教师的教龄和学历水平对学生学习的影响只占3%,教师的教学质量和行为对学生学习的影响占到97%,教学的第一年经历对教师有效教学起着重要作用,但是在第四年、第五年时,教师通过提升学生的学业成就来提升自身教学的有效性,超过5年后,教师对学生学业成就的贡献不太明显。卓越教师和低成效教师对学生的影响分别具有显著的正、负影响(Sanders et al.,1997),卓越教师的学生学业成就高于低成效教师的学生学业成就的4倍(Sanders et al.,1996)。Linda(2000)在1993—1994年对学校调查以及基于美国国家教育进步评估 NAEP 数据研究教师有效性,结果显示随着教师质量的提升,学生成绩也会跟着提升。

一些学者认为教师行为与学生的成就存在正向联系（Brophy et al.,1986），教师质量是影响学生考试成绩的主要因素（Wenglinsky,2000）。Wenglinsky(2000)的研究表明教师的课堂教学行为对于学生来说非常重要,教师的专业发展、课堂实践(教学)、教师投入均会影响学生的学业成就,其中最显著的因素是教师的课堂实践,特别是使用高秩序的思维方式。那么,人们如何将教师的行为转化为可接受、可测量的维度,学生成绩固然是一个指标,但是可靠性有多大呢？因为学生成就受太多因素的影响。另外一些学者认为只要教师有效地开展教学,学生成绩就会自然而然地提升,也就是说两者之间一定存在正向关系。Clarke等人(1993)指出由于影响学生成绩的因素具有复杂性,一些学者避开用学生的成绩来衡量教师的有效性。与上述观点相反的是,Mather等人(2001)认为教师有效性并不一定是学生取得高成就的原因,比如在基础阶段,有很多因素可以影响学生的成就,如其他教师、学生背景、学校环境等。他认为学生的成就和教师的有效性没有固定联系。那么,学生成就与教师有效性是否有关系,如果有,二者究竟是什么样的关系？是不是由于研究背景、方法和条件影响学者们得出不同结论呢？这需要进一步探讨。

三、卓越教师的本土研究

基于中国文化背景的卓越教师研究是针对"好教师""优秀教师"等来进行。这些研究从制度层面和非制度层面开展,制度层面的"好教师"或"优秀教师"主要由国家级、省级、市级、县(区)级教育行政部门和学校根据一定的标准和程序认定,具有较高的权威性。此外,学校认定的"好教师"或"优秀教师"通常是指在一年一度的考核中被评为"优秀教师"。非制度层面的"好教师"或"优秀教师"一般是指学生、家长、社会大众或教师所认定的好教师。

与卓越教师相近的概念是白益民(2000)提出的"高成效教师"。他在《高成效教师行为特征研究》一文中通过问卷调查和因素分析,提出高成效教师行为的典型特征;并在《优秀教师的三种类型:高成效教师的聚类研究》一文中进一步将高成效教师分为灵活机动型教师、学生取向型教师及内容取向型教师三种类型,对这三类高成效教师在互动行为、维持专注行为和计划行为等方面分别就不同组合特征做了进一步分析和阐述。这些特征从师生关系、教学设计、言语表述、技能组织、调控课堂技能等方面来建构了卓越教师行为的理论模型。

将课堂教学作为卓越教师研究的新视角。这种取向尽管与以往研究存在交集,但在强调教学有效性的同时,避免了单一追求教学效率而忽视教育伦理价值的偏颇。"卓越性"的衡量具有相对性,其评估过程同样受到课堂氛围、学生特性等多重因素的制约。值得注意的是,卓越教师与普通教师在教学行为上的显著差异,为未来的研究提供了丰富的比较素材。通过课堂观察、细致分解、对比分析不同教师的教学实践,精确描述这些差异的具体面貌,构建出更为精准的评价标尺。因此,深入探讨我国课堂实践的情境化,对于推动我国教师专业能力的发展具有重要的指导意义。

第二章 卓越教师的心理特征

深刻理解和认识卓越教师的心理特征，有助于卓越教师的培养、发展和评价。一方面，从师生交互层面来讲，个体的心理是行为产生的内在基础，行为是心理的外显反映并进一步影响心理。外显行为与内在心理有着不可割裂的关系，两者辩证统一。师生作为教与学的主体，其心理和行为的互相作用，应纳入教师特征研究的范畴。另一方面，社会各界更加关注教师对学生认知水平的提升，忽略教师对学生情感、态度和价值观的塑造和培养。教师的发展主要集中在教学行为和部分人格品质的发展上，教风、道德熏陶、精神引领等相关行为尚未得到足够重视。学生作为祖国的未来，其身心能否全面发展受到教师的直接影响。因此，建立健全卓越教师行为培训机制和教师入职心理选拔机制，可推动和促进教师教育质量的发展与提升。

第一节 卓越教师的个性特征

早期，卓越教师研究通常认为是教师拥有某些特征，特别是个体人格特征。基于此，从20世纪70年代初开始，人们从心理学视角出发关注教师的个性品质，有关教师个性品质与教师有效性的研究，总体上可以分为两大类：一是卓越教师固有的人格特征；二是与有效教学工作相关的心理特征。

一、国内外研究进展

Cruickshank(2003)通过对比卓越教师与普通教师，提炼出三大个性特征：激励性人格、成功导向以及专业操守，并进一步细化为八个子特征，如热情洋溢、教学手法多样、幽默风趣、学识渊博、条理清晰、值得信赖等，同时，该研究还强调了培养这些特质对于成为卓越教师的重要性。

斯庄(2007)详尽归纳了卓越教师所展现的个性化品质,这些品质深刻体现在多个方面:

① 深切关怀学生。卓越教师善于倾听学生心声,真诚表达自身情感,全面把握每位学生的状况,以耐心、诚意、信任与希望为基石,细致考量学生需求,运用体贴入微的言辞与易于接受的肢体语言,确保每位学生都能感受到关注,鼓励学生积极参与问题解决过程,强化其投入感。

② 秉持公正与尊重。在与学生及家长的互动中,卓越教师始终展现出对他人的高度尊重,无论是面对学生个体还是家长群体,均能保持公正无偏的态度。

③ 积极的职业态度。卓越教师在工作中洋溢着自豪感与成就感,他们的高自我期望往往能激发学生的同等期待,从而营造良好的学校氛围。

④ 促进师生社会互动。无论是在课堂内还是在校园生活中,卓越教师都能巧妙利用师生间的社会互动,构建充满正能量的学习环境,这种环境对于学生的学习与成长具有重要的价值。

⑤ 激发学生的学习热情与动机。卓越教师扮演着多重角色,为学生提供多样化的支持,有效激发学生的学习热情与内在动机,助力学生取得更佳的学习成效。

⑥ 反思性实践。卓越教师的反思行为是一种深思熟虑、严谨细致的职业习惯,它深植于教学实践之中,成为教师专业成长不可或缺的一部分。

Medley(1996)认为要成为卓越教师必须具备以下五个条件:具有令人满意的人格特征;能够有效利用教学方法;能够创造良好的班级氛围;谙熟各种教学方法与技术;掌握利用教学能力和技术的恰当时机。一项针对提高教师素质的比较研究中,来自新西兰、意大利、美国、瑞典和法国的学生们给出了他们心目中卓越教师的共同标准:卓越教师应该热切地希望自己的所有学生都能取得成功,并在课堂教学活动中积极地实现这一愿望;卓越教师的交流富有热情和幽默感;卓越教师拥有极大的耐心和同情心,同时还能时刻维护学生的自尊心并努力帮助学生取得成功;等等(克里斯托夫,2009)。有研究者从学生角度探讨卓越教师的心理特征,如较高的期望值和幽默感,具有热情、创新和人道的心理品质,能够较好地解释复杂的学习材料,灵活的教学风格,以及平易近人、诚实、乐观的心理品质,等等。

朱永新(2000)认为卓越教师个性特征应该具备胸怀理想、充满激情和诗意,自信自强、不断挑战自我,善于合作、具有人格魅力,充满爱心、受学生尊敬,追求卓越、富有创新精神,勤于学习、不断充实自我,关注人类命运、具有社会责任感,坚韧刚强、不向挫折弯腰等一系列特征。皮连生(2003)调查整理了卓越教师的个性心理特征:机敏、热心,关心学生及班级活动,愉快、乐观,能自我控制,有幽默感等20余项。相对而言,低成效教师特征包括:呆滞、烦恼,对学生及班级活动不感兴趣,不快、悲观,易发脾气,过分严肃等20余项。在此基础上,蔡宝来等(2012)提出,卓越教师在个性特征方面,具有幽默乐观、好学、对教学充满热情、关爱儿童、具有坚定的教育信念和善于反思教学等主要品质。

二、固有人格特征

1. 关爱

关爱是卓越教师的一个重要人格特质,源自对学生未来能为国家与人民做出贡献的深切期许(王玉谦,2001)。教师的关爱表现为一种无条件的积极态度,涵盖了尊重、理解、信任、体谅与严格要求,并伴随着强烈的责任感。这份关爱广泛渗透于学生的学习、生活、情感及思想领域,展现出无微不至的关怀与呵护。教师的关爱具有双重正面效应。首先,它促使教师以开放的心态接纳学生的所有表现。面对学生的不足,教师更倾向于驱动自身不断改进教学技能与综合素养,为学生树立终身学习的典范。其次,学生的心灵在教师的关爱下得以滋养,获得正面的情感体验,进而建立起自信与价值认同(Russell et al., 1982)。学生不仅学会了爱的真谛,还掌握了关爱他人的能力(Collier, 2005),并加深了与教师的互动深度。更重要的是,这份情感的正能量被学生转化为学习动力,改善了学生的学习态度,从而提升了学习效率。

2. 公平和尊重

教师公正与尊重对学生的学业进步与人格发展具有深远的影响。卓越教师展现的公正与尊重,体现在他们根据学生个体差异,以平等、开放的态度对待每一位学生。这种互动模式促进了师生间信任与尊重的纽带构建,为双方关系奠定了积极的建设性基础,助力学生迈向更高的发展阶梯。卓越教师在课堂上,尤其是在纪律管理上的每一次行动,都是其公正性的直观体现。关于教师是否公正尊重学生,学生及社会各界均会形成各自的评价,且这种评价在基础教育阶段尤为稳固,难以轻易改变。

3. 热情和同情心

充满热情和富有同情心的教师不仅在课堂上对学生给予指导,还积极帮助学生解决各种问题,从而建立起一种和谐融洽的师生关系。学生在感受到教师真挚的关爱后,往往会对教师本人产生敬仰之情,进而将这种情感延伸至教师所教授的学科,形成一种内在的学习动力(严玉萍,2008)。这种情感纽带激发了学生对学习的热情,推动了学生在学业上不断进步。此外,卓越教师以高度的责任感和专业精神对待教学,不仅在传授知识的过程中一丝不苟,还积极关注学生的全面发展。这种敬业精神会潜移默化地影响学生,使他们在学习中也养成严谨认真、不断追求卓越的态度,从而在学业上取得更大的成就。

4. 期望和信念

卓越教师的期望和信念对学生的成长产生巨大影响。教师是根据学生的性别、身体特征、课堂表现和社会经济地位等各种因素形成对某个学生的期望,这种期望形成后又通过各种形式影响被期望的学生,使学生形成自己的期望和信念。最后又表现在学生的行动中,反过来影响教师的期望和信念。由此可见,教育的成效很大程度上取决于教师的信念或期望。

5. 威信

卓越教师的威信不仅仅是一种个人特质,更是影响学生学习态度和效果的关键因素。具有威信的卓越教师能够有效地激发学生的学习动力,而这种动力是促使学生努力学习的核心驱动力(严玉萍,2008)。只有当学生具备了强烈的学习动力,他们才会全身心地投入到学习中,从而有望取得优异的学业成绩。这种因果关系形成了卓越教师的行为品质与学生学习效果之间的紧密联系链条。具体而言,当一位卓越教师以其高尚的行为品质和深厚的专业知识走进课堂时,学生往往会对其产生由衷地敬意。这种敬意不仅仅是对教师个人的尊重,更是一种深层次的情感反映,激励学生在课堂上更加专注和积极参与。

三、教学相关个性特征

1. 自我效能感

Skaalvik等人(2000)认为,教师自我效能感是对自身具备成功完成教育教学工作的能力,胜任教师这一角色的主观判断。研究表明,相信自己有能力完成教学任务的教师往往能够更好地完成教学任务,对教师行为和学生身心发展具有重要影响(Wax et al.,1991)。与教学相关的情感、认知、行为反映教师的自我效能感(Skaalvik et al.,2007),具体表现为课堂教学中的态度、职业满意度、教学目标设置三个方面。卓越教师认为自己有能力应对教学过程中的困难与挑战,相信任何学生的成绩都能提高,积极寻找不足和进步空间。卓越教师对工作更满意,不倦怠,对教学过程更享受,对工作的乐趣和个人的价值体会更深刻。他们注重激发学生的内在动机,创造了追求深奥知识的外在课堂环境,热爱接受高挑战性的教学任务,教学目标与学校目标相一致,甚至更高。

2. 成就动机

成就动机是一种内在驱动力,促使个人在自己认为重要或有价值的工作中不断追求卓越,克服困难,最终实现某种理想目标(毕重增 等,2005)。对于卓越教师而言,他们的成就动机不仅受到校园成就目标和自身自我效能感的影响,同时,这些成就目标还直接影响着他们的教学实践、工作满意度以及专业风范的形成。卓越教师通常具备强烈的利他动机,乐于为学生提供帮助,积极鼓励学生主动寻求帮助,并注重培养学生的能力(郝海涛 等,2009)。在他们的课堂上,社会比较行为较为常见,这不仅营造了一个积极进取的班级氛围,也鼓励了学生之间的良性竞争。此外,卓越教师善于设计具有启发性和挑战性的学习任务,以此来激发学生的学习兴趣和动力。研究表明,学生的成就目标在很大程度上受到教师所设立的教学质量标准的影响(Meece et al.,2006)。卓越教师在教学中很少依赖自我障碍策略,他们善于从自身出发,深入挖掘失误的原因,从而激发出更多的主动性和潜能,以克服教学中遇到的各种困难。这使得他们在面对挑战时较少感到焦虑,而是更加专注于问题的解决和自身的成长。研究还发现,教师对于自身学习和能力提升的重视,与其学生个人能力和社会能力的提升有着显著的正相关关系(Retelsdorf et al.,2011)。这意味着,卓越教师不仅在自身专业发展上不断追求进步,还通过自己的示范作用,积极影响学生的成长和发展(姬鸣 等,2016)。

3. 激励风格

激励风格是指教师在教学过程中调动和维持学生学习积极性的有意识或无意识的行为倾向。教师通过使用言语、手势、眼神、表情等行为,采用给予学生鼓励、惩罚、命令、明确指导、间接启发、人际比较、树立模范、鼓励提醒、激发自尊等方式展现教师激励风格。

激励风格的形成受教师教学动机、教师心理需求的满足影响,主要分为三种类别:控制型激励风格、支持型激励风格、关系型激励风格。赖丹凤等人(2012)针对我国文化对教师激励风格的常见类型提出概括,如表2-1所示。

表 2-1 激励风格的常见类型

初级分类	二次分类	类别内涵
激发兴趣 说明价值 鼓励表达	个体—支持型	教师通过帮助学生寻找内在学习动力,激发和培养学生内在的学习动机;以学生为中心;鼓励独立思考、体验和行动
使用奖励 直接指导 强迫命令 使用惩罚 使用威胁	个体—控制型	教师采用直接的外部操控,迫使学生以特定方式思考或行动;以教师为中心;强行干涉学生的认知、情感和行为
提醒责任 拉近师生距离 调动同伴 鼓励自信	关系—支持型	教师将学生的人际关系视为其学习动机的重要资源;鼓励学生内化、认同社会性学习目标,以激发和培养学生相对内在、自主的学习动机
家长参与 人际比较 刺激自尊	关系—控制型	教师利用学生的人际关系作为压力,迫使学生以特定方式思考、体验或行动;激发学生相对外部、受控的学习动机

激励风格对学生学习动机、学业投入、认知发展、学习成绩、人格发展和心理健康水平均有重要的影响。从教师与学生的互动维度来看,教师的支持性越高,学生会表现出更好的学业卷入行为。教师的控制性越强,越阻碍学生学习动机的构建,学业卷入行为受限。从激励风格对学生动机的影响来看,学生基本心理需要的满足是激励风格与学生动机的中介变量(Ryan et al.,2000),如图 2-1 所示。

教师激励风格 → 学生基本心理需要满足 → 学生不同学习动机

图 2-1 激励风格影响学生学习动机的理论模型

4. 职业认同

职业认同是指教师在从事职业的过程中对教师职业的感知和评价,形成的态度、信念、归属感和行为投入(崔新玲 等,2011)。宋广文等(2006)认为,教师职业认同既是一种过程也是一种状态。其中,"过程"是说教师职业认同是个体自我从自己的经历中逐渐发展、确立自己的教师角色的过程;"状态"是说教师职业认同是当下教师个体对自己所从事的教师职业的认同程度。

教师职业认同的建构受到个人和环境两方面的影响。一方面,职业认同有明显的个人特征,教师职业认同受到归因方式、内心的角色模型、价值观、先前的经验、行为倾向等影响。另一方面,教师的职业认同根植于所处家庭、学校、社会、经济、政治、文化等背景。

教师的职业认同会影响教师与专业发展相关的意识、行为、情感等。有研究显示,教师的职业认同程度与教师价值观、工作满意度、幸福感有显著的正相关(严玉萍,2008),对教师的离职率有预测功能。高度职业认同对抵抗工作压力、处理人际关系、执行教师标准与自身心理落差、克服职业倦怠以及促进学生形成完整的自我概念具有积极作用(Korthagen,2004)。

5. 使命感

使命感是个体自身处于自觉、自主而内生的一种对人生、社会、他人的责任感知,对自我意义追求和自我实现的努力(张丽敏,2012),Korthagen(2004)在教师专业素质的洋葱模型中指出,教师最核心的专业特质为教师的使命感。教师使命感的内涵包含职业性使命感和超越性使命两个水平。具有职业使命感的教师将工作视为生命意义的一部分(Hall et al.,2005),渴望在工作中实现自我价值。随着内在自我认识的深化和教学工作实践与反思,使命感转化升华为核心层次,即超越性使命。教师视教育工作为生命意义实现的过程,用教育实践回答"我为什么存在"。职业性使命是非自动和非习惯化地对职业目的、意义、价值的感知。超越性使命则是一种内在主动迸发的心理能量。Palmer(2003)认为,具有超越性使命的教师从人性关怀的角度衡量自身的价值和教育的价值,将教育视作深度的信仰,在职业实践中寻求超越劳动行为本身的内部自我精神的圆满。

第二节 卓越教师的核心素养

卓越教师的核心素养是教师进行有效教学的前提条件。卓越教师素养被看作是教师拥有的知识、能力和信念的集合,是经过科学有效的教师教育所形成的品行与能力。那么,卓越教师应该具备哪些专业素质?研究者提出教师的专业素质结构包括三方面：专业知识、专业道德、专业精神。也有研究者认为，卓越教师的专业素质包括教育信念、知识结构、能力结构、专业态度、专业自主发展意识等。基于有效教学的特征和要求，卓越教师的专业素质包括以下几个方面：教师的核心素养以教师的专业素养为基础，以信念素养、心理素养为支撑，以信息素养、发展素养、创新素养等综合素养为辅助，这些素养能支持教师在一定的教育情景下追求专业发展，实现自身成长。在课堂教学中，卓越教学受到教师、学生、课堂环境、教学内容等诸多因素的影响，教师在其中起着主导作用（田宇 等，2010）。因此，教师在课堂上的行为表现至关重要，而卓越教师的核心素养直接决定着教师的课堂教学行为，间接影响着学生的学习效果，因而研究有效教学就离不开对卓越教师核心素养的研究。

一、信念素养

教育是一种需要信念的社会活动。教师信念是指教师对有关教与学现象的基本看法与判断，它影响着教育实践和学生的身心发展，是教师素质的重要组成部分（俞国良 等，2000）。教师的信念蕴含着教师的信仰、激情、责任与爱心，是教师的精神追求和奋斗目标的直接体现，涉及教师对于教育目的、教育主体、教育内容、师生关系等方面的多重思考。教师的教育信念一旦确定，就会贯穿于教师的教育教学之中，成为教师自身专业发展与完善的内驱力，指引着教师的教学活动方向。卓越教师作为教育活动的引领者与管理者，教育信念会对他们的教学产生重要的影响，积极的教育信念是卓越教师进行有效教学的重要保证。

1. 关爱学生

卓越教师对学生的关爱是从灵魂深处流淌出来的，是卓越教师心境的基本要求。陶行知先生言道："捧着一颗心来，不带半根草去。"表明卓越教师对于教育事业既要有爱心，又要有奉献精神，表达了教师一生无私奉献、一心一意为学生而工作的崇高品质，也是对教师生涯的真实写照。卓越教师对学生的关爱表现为发自内心的尊重和公平对待每一位学生。一方面，在师生之间情感互动过程中，卓越教师在了解每位学生的背景、个性、品质以及学习能力等的基础上，充分尊重和信任他们，给予他们合适的期待，适时地提供生活、学习尤其是情感方面的支持。另一方面，卓越教师是教育公平的典范，他们会为每一个学生提供公平的发展机会，作为未成年人，学生既是学习者，又是未完成、待雕塑的人，在追求真知、发展身心、保护天性、培养个性的过程中，他们应该享有平等的机会,获得公平的待遇。师生之间的友爱互动,可以满足学生交往动机,激发学生学习自主性和积极性,使学生朝着教师期望的方向发展。

2. 高尚的人格

卓越教师在具备了娴熟的教学技能后,其高尚的人格品质成为影响学生品德、成长与进步的重要因素。人格是构成一个人的思想情感及行为的特有模式,这个独特的模式包含了一个人区别于其他人稳定而统一的心理品质。人格具有独特性、稳定性、统一性、功能性等特征,反映着一个人的内心世界和精神面貌,它包括气质、性格、认知风格、自我调控等方面。高尚的人格品质是作为卓越教师不断反思完善的核心品质,决定着卓越教师积极的教育行为,俄国教育家乌申斯基认为"教师的人格对于年轻的心灵来说,是任何东西都不能代替的,有益于发展的阳光;教育者的人格是教育事业的一切。卓越教师人格能够有效地影响学生人格的形成和发展"。罗森塔尔的"皮格马利翁效应"实验证明,卓越教师对教学热情、关爱学生、对学生积极的期望这些良好的人格品质,对学生的发展会产生积极作用。

3. 强烈的责任心

卓越教师将全体学生的健康发展作为自己的使命担当,并将其贯彻于自己教育教学的全过程,在教学观念上懂得因材施教,不是把学生当成接受与储存知识的容器,而是把学生当作教学活动的主体,用发展的眼光看待学生之间的差异,正视学生的主体性和独特性,了解每个学生自身的独特思维方式、智能结构,学生的优点和智能特长,为学生成长提供发展平台,不放弃任何一个学生。在教育理念上,卓越教师自觉地把教学当作是一种创造性劳动,把教书和育人当作是自己的价值追求,并把自身的专业发展与学生的健康成长联系起来,在创造性劳动中体验到劳动的快乐与内在的尊严。研究发现,卓越教师有着明确的角色定位,强烈的职业责任感促使他们时刻进行自我调整,能够根据不同情境把控自己的教育教学行为,知道如何运用教学策略和技巧来实现有效教学,能够积极乐观地面对教育教学工作,信心十足地处理教学中遇到的各种问题,这是因为他相信自己能够有效地控制教学中遇到的各种困难,能够很好地调整自己的心境和行为。

二、专业素养

卓越教师的专业素养是其从事教育教学工作应具备的专业品质和条件,主要包括专业精神、专业知识、专业能力和专业实践(李涛 等,2017)。专业精神是教师在长期的教学实践过程中形成的专业理念和价值认同,是卓越教师从事教育教学活动的内在动力系统,包括教育理念、专业态度和职业道德;专业知识是教师服务于教育教学的基础知识,是卓越教师专业素养中最核心的部分,包括通识性知识、本体性知识、条件性知识、实践性知识;专业能力是教师实施课堂教学的主体能力,包括教学设计能力、教学组织能力、教学监控能力等;专业实践是教师指导学生的学习,完成教学目标的实践活动,是卓越教师专业素养的外化。上述四个专业素养要素中,专业知识和专业能力素养被学术界普遍认可,同时在教学实践中发挥着重要的作用。

1. 专业知识

卓越教师的教学质量在很大程度上依赖于他们对专业知识的灵活掌握和运用能力。学者们对教师知识的内涵和外延展开了深入探讨,因而提出了多种关于教师知识分类的观点和理论。其中,Shulman(1984)提出了一种具有广泛影响力的教师知识分类模型。他认为,教师的教学活动主要依赖于几种核心知识的综合运用。这些核心知识包括:学科内容知识,即教师对所教授学科本质及核心概念的深刻理解;一般性教学知识,涉及教学方法、策略以及课堂管理等普遍适用的教学技巧;课程知识,指教师对教学课程的设计、实施和评价的理解(李春芳,2012);学科教学知识,结合了学科内容与教学方法的知识,是将学科内容有效传授给学生的关键(罗超,2014);学生及其特征的知识,涵盖对学生认知、情感及社会特征的了解;教育情境知识,涉及对教学环境及其对学生学习的影响的理解;教育目标、目的、价值观和教育哲学与历史基础知识,这些知识帮助教师理解教育的本质和价值取向(王雪梅,2020)。

这些知识类型是通过理论研究和经验总结,从外部明确教师在教学中应当掌握和应用的知识体系。教师教育和相关培训项目也往往以此为基础,帮助未来教师在学习和实践中逐步形成并掌握这些关键知识。然而,尽管这些外部界定的知识为教师教学提供了重要的框架和指导,但它们并不能完全应对教师在实际教学情境中遇到的复杂问题。教学是一种高度情景化的活动,教师在真实的教学情境中所面临的问题往往具有高度的具体性和独特性。每一堂课、每一个学生、甚至每一次互动都可能带来新的挑战,这要求教师能够在瞬息万变的课堂中灵活应对。因此,虽然这些从外部界定的知识构成了教师专业发展的基础,但它们仅仅是起点。要真正实现高效教学,教师必须在实际教学实践中不断整合、应用这些知识,发展出解决具体教育教学问题的能力和智慧。也就是说,卓越的教师不仅依赖于对知识的掌握,更依赖于他们在实践中将这些知识转化为有效教学行为的能力。

2. 专业能力

从横向角度来看,教师的专业能力不仅体现了教师在课堂内外的实际教学能力,还反映了他们在协调学校教育、家庭教育和社会教育三者关系之间的平衡与互动能力。此外,这些能力也涉及教师在教育活动过程中激发学生兴趣和参与度的能力,展现了卓越教师在教育过程中的综合素质(王继平 等,2016)。

如果从教师主体的角度来分析,教师的专业能力可以定义为教师在完成教育教学任务时所展现出的专业认识与实践能力。这种能力包括多个方面:第一,教师对教育教学目标的深刻领会和精准把握的能力,这要求教师能够理解并有效传达教育的核心目标和价值观;第二,教师的自我反思与自我发展的能力,意味着教师能够在教学过程中不断审视自己的教学实践,并进行持续改进;第三,教师进行教育教学研究的能力,即教师能够从实践中提炼出研究课题,并通过研究推动教学进步;第四,教师还需要具备了解学生、理解学生的能力,并能够与学生进行有效沟通;第五,是教师对教育资源的运用与开发能力,这包括如何充分利用现有资源并开发新的资源以提升教学效果;第六,教师需要具备科学设计教学流程、有效监控教学进度并灵活运用现代技术来支持教学的能力。

杨纳名(2016)指出,专业能力包括教学设计与实施的能力、班级管理与教育的能力、沟通与合作的能力、反思与发展的能力。与普通教师相比,对卓越教师在专业能力方面的要求更高。他们不仅需要达到基本的专业标准,还要在此基础上展示出更高的能力水平和更具特色的教学策略与方法。卓越教师特别注重将这些专业能力应用于教学实践中,能够根据不同教学情境灵活调整教学策略,确保教学效果的最大化。这种对专业能力的深入理解和高水平应用,使卓越教师在教育实践中不仅能满足学生的学习需求,还能超越传统教学的局限,为学生创造更丰富、更具挑战性的学习体验。

三、信息素养

教师的信息素养是一种以获取、评估、利用信息为特征,传统文化与现代文化相结合的科学文化素养,主要包括基本信息素养、多媒体技能、网络运用能力、学科课程整合能力等(罗萍,2006)。当前,随着信息技术的不断发展,教育信息化革命为教育发展带来了前所未有的机遇与动力。教育信息化的普及发展为教师信息素养发展提供了最为直接的推动力。丰富的网络资源以灵活的形式,为学生开展以兴趣为导向的学习活动创造便利;云教育让世界不同地区的教育工作者都能在一个巨大无比的平台上分享优质教育资源;移动学习与泛在学习,超越时空限制,体现出学习模式的转变和以人为本的教育理念。教育信息化发展的过程中,卓越教师的地位与作用也因信息技术与教育的深度融合而亟待重塑。因此,卓越教师要对信息保持高度敏感性,具备及时挖掘、搜集和利用信息的能力素质,丰富完善自身的知识体系;要对获得的信息进行辨别和处理,依据教学目标有效地将其与多媒体技术、学科课程进行融合,更直观形象地将知识呈现给学生,提高课堂教学效率。卓越教师在运用信息技术对课程进行整合时,不仅要保证教学内容的原创性和科学性,而且要对他人的成果给予尊重和保护。

四、创新素养

学生创新素养的培养,首先需要具有创新素养的教师。教师职业是富于创造力的职业之一,同样的内容通过不同教师的教授,教学效果可能大有不同。拥有较高水平创新素养的教师,能使学生的创新潜力得到最大程度地开发。卓越教师的创新素养是教师创新精神、创新意识和创新能力的集合(孙宏安,2004)。创新精神是创新活动的动力系统,驱动、维持和保证创新活动的顺利开展。创新意识在教学中主要表现为教育观念的创新和知识的创新,观念的创新要求教师要树立现代师生观和教学观,以学生为主体,营造激励创新的课堂氛围,运用独到的教育技能,培育学生的创新能力。知识的创新则要求教师要适应时代发展,不断拓宽知识视野和更新知识结构,从而不断提高专业素养和教育教学水平。创新能力则体现在教师对教学方法的创新上。卓越教师要将教学过程看作持续创新的过程,根据学生特点和教学规律,探索创新教学方法,促进学生创新思维的发展,从而提高课堂教学的有效性。卓越教师要与时俱进,不断提升自己的创新素养和创新实践能力,将创新思维、创新观念、创新精神贯彻到日常教育教学实践中,培养具有创新素养的优秀学子。

五、发展素养

教师的发展素质是教师推动自我成长的意识和能力,主要包括自我发展意识、自我反思能力及自我评估能力。自我发展意识是教师专业发展的根本动力,是教师实现专业价值的内在需求,只有具备自我发展意识,教师才能在专业成长的道路上走得更远;自我反思要求教师对自己的教育实践进行反思,将教育实践与教育理论融会贯通,做到知行合一,持续不断地优化教学行为,提高课堂教学效率;自我评估是教师对自身教学的一种价值判断,是教师辨别自身教学行为对学生发展的影响的能力,是构建有效课堂的有力保障。

1. 自我发展意识

卓越教师自我发展意识是指卓越教师对自己所从事的教育工作的专业性的清晰体会和认识,明确教师专业的特点和发展方向,形成坚定的教师专业信念和崇高的职业理想,主动维护教师的专业声誉。学习型社会的到来使教师面临着巨大的挑战,具体表现在教育的复杂性和不确定性,卓越教师只有根据个人专业能力的发展状况,明确个人未来的专业发展方向,采取相应的学习策略,才能有效地激发自己的专业潜能,提高教学水平。教师专业素质的提高,首先意味着卓越教师需要自觉地学习。教师的学习要基于个体发展的需求,同时协调好自我学习的需求与社会、学校和学生的需求的关系;卓越教师要在日常的专业活动中结合教育教学理论知识,把专业发展与日常的教学活动紧密结合在一起,在教学实践中提高教学技能和自我效能。其次,善于教学归因。教师的教学归因是教师对自己完成教学活动的结果进行分析,形成因果性解释的一种心理过程。卓越教师有较强的自我效能感,能够对自己的能力和教学情境做出正确的评估,在面对困难时能够调整自己的心境和行为,卓越教师具有丰富的成功经验,因此,能够形成较稳定的自我认识。

2. 自我反思能力

自我反思是教师以自己的课堂教学活动过程为思考对象,对自己所做出的课堂教学行为、决策以及由此所产生的结果进行审视和分析的过程,是一种通过提高参与者的自我觉察水平来促进能力发展的途径。卓越教师的教学反思是教师对自己的教学行为以及对学生的影响的一种再认知,是一个持续的过程,是与教师的专业发展联系在一起的,有助于教师了解教学的各种因素,如教学方法、教学策略等,不断熟悉学生的情况,从而坚定教学信念,调节教学行为,增长教学实践智慧。卓越教师反思的过程也是自身不断学习的过程,卓越教师在学习活动中会积极地思考自己的教学策略,并对教学内容进行重新组织,更多地考虑学生的需要和教学效果,会为学生的学习创造更多的机会,让学生在真实的问题情境中去体会、去感知,从而培养学生发现问题、分析问题、解决问题的能力。教学反思是教师对自己教学行为的内省和剖析,卓越教师善于学习别人的长处,能及时通过反思总结教学经验,将教学实践中发现的问题上升到理论的层面来进行反思,从而为自己的教学理念、教学行为找到合理的理论依据,服务接下来的教育教学工作。

六、心理素养

卓越教师的心理素养是教师在教育教学实践中生成和积淀的,与学生身心发展密切关联的,对教育教学效果有显著影响的心理品质的综合表现。它主要由认知因素、个性因素和社会适应因素三个基本维度构成(丁新胜,2006)。认知因素主要表现为卓越教师能较系统地利用心理学知识,在教学实践中根据学生的个性特征,创新教学策略,打造高效课堂;个性因素主要表现为卓越教师具有良好的认知能力、情绪控制能力、坚定的意志力等,这是教师从事教育教学的动力系统,指引着教师的教学行为;适应性因素主要表现为卓越教师在教学过程中合理地处理各种角色冲突,使自己与环境相互协调,从而发挥自身的优势,提升教学效果。

卓越教师心理素养具体特征为:理解关爱、成就动机、宽容开放和适时点拨。理解关爱表现为具有对教育事业较强的热忱,理解关爱学生,与学生沟通顺畅、师生情深;成就动机表现为勤学好问,认真执着,追求较高的成就、总想做得更好;宽容开放表现为勤于教学反思,赏识学生的独特性、对学生进行多元评价,乐于吸纳学生的意见和建议;适时点拨表现为能够根据课堂情况及时调整教学方式,及时总结提升,随时随地引发学生的思考,对不同学生采取不同的激励措施。

第三章 卓越教师行为研究

卓越教师具备促进有效教学行为和提升学生学习和个人发展的能力。因此,卓越教师必然达到有效教学的高水平,这里的高水平不仅指达成预定的教学目标,而且需要着眼于学生长远发展,即教师的有效教学行为能够引起、维持、促进学生行为出现积极变化。要成为一名卓越教师,不仅要关注教师自身教学行为的有效性,而且要关注学生在课堂教学中的认知活动、学习的参与程度。

国内外研究者从教师课堂教学行为角度出发,揭示了卓越教师的教学行为特征。白益民(2000)通过实证研究发现,卓越教师在三个方面具有和普通教师不同的特征,包括:课堂上的实质性互动行为、维持学生专注行为、教学的计划与反思。目前,人们对教师进行有效性评价,主要通过对教师教学过程和教学行为变量进行定量和定性分析。事实上,教师的行为能否促进学生认知水平、创新实践能力、情感态度和价值观的发展,是评价卓越教师的主要标准。

第一节 卓越教师行为特征

从教学进程角度看,教师行为可分为课前行为、课中行为及课后行为。这些行为特征能够较好地反映卓越教师行为的明确性、多样性、启发性、参与性和任务取向性,能够较好地体现卓越教师的行为特征。

一、课前行为特征

教学实践活动具有一定目的性、计划性、特殊情况偶发性,在教学实践活动之前教师必须进行充分的计划和准备。教学准备主要包含课程内容、教学目标、教学情境、教学问题的设计四个部分。卓越教师注重学生个体差异,他们依据教学内容和学生认知水平设计分层教学。结合学生最近发展区,创造性地设置能达到最大效率的学习目标。教师对教学情境的创造和设计使学生产生强烈的情感体验,提高学生对教学内容的认知加工水平。因此,卓越教师提出的教学问题有效,目标明确,能更好地启发学生思考。

二、课中行为特征

1. 程序化教学行为

(1) 导入技能

导入环节是教师带动学生积极投入学习状态的首要环节,可以引起学生的兴趣和注意力,并帮助他们建立必要的背景知识和理解。常用的导入技能包括:直接介绍课题导入、悬念导入、实例导入、典故导入、设置问题情境导入等(朱贤,1997)。在导入环节中,教师利用学生感兴趣的内容,激发学生兴趣,用简洁的语言将新旧知识串联在一起,明确课程学习内容、程序、方法、目的和效果。

(2) 提问技能

提问技能可以帮助教师更好地引导学生思考,促进学生学习,提高课堂效果。卓越教师提出的问题目标明确,表述简明、易懂,提问时注意把握时机,适时提问,具有启发性和层次性,兼顾各类学生的意见。卓越教师善于利用提问检查学生对知识的理解程度,掌控教学节奏。此外,卓越教师会注意问题的难易度、语言的清晰度,以及给予学生足够的思考时间,鼓励学生积极回答问题和提出问题。

(3) 课堂活动设计与实施

课堂活动设计是课堂活动有效性的基础,课堂活动的实施是课堂活动有效性的重要保证。卓越教师在课堂活动设计时,提出明确的学习目标。在关注教学设计整体性时,依据课程内容和学生能力水平,将整体教学目标划分成小任务,减少学生认知负担。卓越教师在课堂活动实施时,以教学目标为导向驱动课堂活动,合理分配教学活动时间,确保课堂气氛和谐。在调控课堂活动进程中,以学生为主体,鼓励学生发表自己的见解,为学生提供较高的时间和空间自由。

(4) 结尾技能

课堂结尾时刻是教师总结课程知识的最佳时机,有效地促进学生的学习成果和学习兴趣。卓越教师会在课堂收尾阶段采用灵活多样的结尾方式总结课堂所教知识,引导学生归纳总结,深化学生对重难点的认识,开拓思维,有针对性地巩固和强化学习效果,调动学生在课后继续学习的积极性。

(5)反馈行为

反馈行为是教师为了判断学生的学习情况、了解自己的教学效果、促进学生的有效学习而开展的对学生学习信息的采集、分析和利用活动(叶立军 等,2012)。卓越教师通过口头教学评价、学习成绩评分、眼神、动作等,对学生学习任务、学习方法、学习结果、情感态度等提供准确且适时地反馈。有效的反馈行为可以发挥激励和导向作用。反馈行为的有效性与教师对反馈行为的态度认识、自觉自控的意志品质、自我调节能力水平有关。

2. 管理类教学技能

(1)学生管理行为

① 管理调控行为:教师兼顾班级特点与教学原则,以教学目标为主,对脱离教学预设、影响教学流畅性的心理和行为进行监控和调整。卓越教师运用动作、眼神、亲切的表情和幽默的语言,体现专业风范,调控师生教与学的心理和行为。

② 提出明确行为期望和课堂规则:卓越教师在课程正式开始前就制定明确行为准则。期望和准则内容清晰明确,操作性具体、合理,对准则态度稳定(邓小平 等,2013),不改弦更张。这一行为使学生有章可循,避免学生注意力分散,提升班级管理效率。学生在课堂中学会遵守既定的社会规范,有利于学生参与社会生活。

③ 应变行为:课堂教学是充满偶发因素的动态过程。教师须迅速地排除在教学正常进行中构成威胁的因素对课堂活动的影响,以保证课堂活动的正常进行,使课堂教学效果保持在一定水平。有研究发现,教师在教学突发情况中处理得当,展示人格魅力和应变能力,会对学生的认知产生积极影响(Jerome et al.,2009)。

(2)时间管理

时间管理包括课堂教学时间调控和教学与教职时间的协调两个方面。卓越教师能够把握教学时间和教学节奏,教学进度张弛有度。卓越教师在课堂教学和其他办公工作之间能够合理分配时间,确保课堂教学和日常教学按程序有序、高效地进行。

3. 情感性教学行为

(1)营造课堂气氛

卓越教师通过和善的言语、饱满的热情,主动敞开心扉,对学生关爱、理解、尊重,与学生建立和谐融洽的关系,构建平等、民主、宽松、和谐、安全的课堂氛围。良好的课堂气氛可以提升学生参与课堂活动的积极性。有研究指出,学生在良好的课堂氛围中,参与课堂活动和思考问题的主动性加强,师生则更容易产生实质性的交流(白益民,2000)。

(2)情感支持

教师情感支持由关注、理解、鼓励、尊重、信任五个维度构成(胥兴春 等,2014)。有研究显示,教师对学生的关心,以学生自尊心为中介变量,提升学生的自我效能感,有利于学生学习成绩的提高。理解与接纳学生的情感和行为,是教师指导与激发学生学习兴趣的基础(Lehman,2007)。适当的鼓励可以有效减少学生的厌学情绪,对学生自我发展具有积极作用。被教师信任的学生会有更多的求助行为,并得到同伴的信任。可见,卓越教师的情感支持可以促进师生保持亲密的情感联结,进行心灵对话和灵魂沟通。

三、课后行为特征

1. 教学反思

教学反思包括教学观念、教学过程和教学结果三个方面,教师通过观察、回顾、诊断、自我监控等方式,批判地对自身教育工作或给予肯定与强化,或给予否定与驳斥。卓越教师的教学反思达到自动化和习惯化水平,具有一定的主动性、个体性和情境性,属于教师的隐性知识。有研究指出,教学反思不是一个偶然间的发现或者灵光突现式的顿悟,而是经过审慎而缜密的思考,是职业实践的一部分。教学反思帮助教师取长补短,增强创新发展动力,提高解决理论与实际问题的水平。

2. 闲暇教育

闲暇教育是全面教育的重要组成部分。卓越教师重视闲暇教育,以学生为主体,组织学生在其闲暇时间开展活动。闲暇教育以满足学生发展个人爱好、个人特长的需求,加强学生社会交往,提升学生实践能力,松弛学生身心,丰富学生精神生活为目的。卓越教师通过闲暇教育,提升学生利用闲暇时间的技能,培养主体意识和独立品质,发掘学生内在潜力,引导学生形成正确的闲暇态度和科学的闲暇价值观。

四、卓越教师行为特征研究的拓展与展望

教育过程蕴含着强烈的情感体验(Liljestrom,2007)。教育工作是一种情绪

性工作,教师在与学生互动过程中需要付出较多的情感(胥兴春 等,2014)。卓越教师应具备良好的心理品质才能较好地处理教学中产生的情绪和情感。有效教学的开展,需要卓越教师具备专业操作技能和达到高水平的行为标准。可见,人们对卓越教师行为特征的研究已经不断深化,将来仍需进一步监督和优化。

首先,在师生个体层面,个体的心理是行为产生的内在基础,行为是心理的外显反映并进一步影响心理。外显行为与内在心理有着不可割裂的关系,两者辩证统一。师生作为教与学的主体,其心理和行为的交互效应,应纳入卓越教师特征研究的范畴。

其次,在组织层面,师生是营造学风、班风和班级氛围的主体。教师作为营造校园文化的重要因素应得到充分重视。教师教育的未来应注重发挥卓越教师对班风、学风、校园氛围的作用,加强校园文化全员共建的意识,创造性地推进校园精神文明建设。

最后,社会更多地关注教师对学生认知水平的提升,忽视教师对学生情感态度和价值观的影响。教师的培养和发展,应该集中在教学行为和人格品质的发展上,并与教风、道德熏陶、精神引领等相关行为有机融合。

第二节　卓越教师行为评价

卓越教师作为教育教学活动中既能满足学生需要又能满足社会需要的教育主体,对于学生成为自我负责的独立学习者产生深远的影响。长期以来,有关卓越教师行为的科学评价成为困扰人们探索教育教学实践的一个突出问题。本书回顾教师教育研究中卓越教师评价研究的历史和现状,结合教师素质、教学环境、课堂教学过程和教学结果四个变量,系统地分析了各种评价方法的优势与不足,提出未来卓越教师行为评价研究的方向。

一、基于教师素质的评价方法

教师素质评价是基于教师心理品质及人格特征来进行的主观评价,主要涉及教师的品质特征和人格魅力(肖庆华,2012)。传统研究表明,卓越教师应该关爱学生,具备热情、活泼、亲切的性格特征,对学生具有一定的榜样力量,而这也是有效教学的良好开端。同时,卓越教师所持教学观念的先进性以及所具有的文化知识、学科知识亦是教师从事有效教学的必备基础。

"合同计划法"源于美国,是教师素质评价的重要方法,在促进教师专业发展和提高学校教育质量方面获得了普遍成功(王斌华,2003)。被评教师需拟写一份"表现合同",用以阐述、监督和评估教师专业的发展;教师需与评价者一起协商"表现合同";对教师的表现进行监督,可借助正规或非正规的观察法;通过之前的一系列观察,根据"表现合同"的内容步骤,评价者与教师进行面谈,进而确定教师是否已实现"表现目标"以及实现"表现目标"的程度。合同计划法是传统意义上评价卓越教师的重要方法,注重教师的个性品质和人格特征,通过评价者与教师的面谈交流,进一步实现个人与学校组织的共同发展。但评价者对于教师的面对面评价依然带有偏见性和主观性,并且评价的内容太多、范围太广,不能保证评价的科学性。

二、基于教学环境的评价方法

卓越教师进行教学时也离不开良好的教学环境,而教学环境主要包括硬件环境(教学设备、教学仪器等)和软件环境(学校的校风、班级的班风与学风等)两个方面(肖庆华,2012)。通常情况下,学校校风在学生学习中具有较强的感染作用,良好的校风能让学生更加热爱学校的生活与学习,而教师所起的作用就是帮助大家意识到学校软件环境的魅力,在潜移默化中让学生能够舒畅学习。结合课堂上教学媒体的使用,吸引学生快速投入学习。因此,卓越教师都会考虑这方面的因素,为自己的学生营造舒适、良好的学习环境,从而使教学效果事半功倍。一些研究者(Kersten et al. ,2005;Marshall,2005)认为,常规的教师监督和评价法对于提高教学和学习效率并非有效策略,主要原因是:

① 教师会受到与他们教学能力相关但不精确的等级评价,尤其是那些教授差生或边缘学生的教师。

② 许多评价过程呈现强制程序,浪费有价值的教学时间。

③ 评价过程对人事决定、教师发展和教学结构几乎没有影响。

④ 教师对评价过程不满意,认为评价者仅评价了小部分教学,缺乏组织评价必要的专业知识与一种联系评价结果和专业发展的能力。

Feng 等人(2013)据此提出了学校电子评价系统,包含告知系统、电子文件夹、提交和储存系统、专业成长活动等子系统。该评价系统关注学校的软环境,即学校的校风。评价由校长或主任完成一份自我评价问卷,再由一部分同事组成评价小组,进行讨论、面谈和实地访问,对评价对象建立一个等级评价。收集数据后,根据面谈内容、学校自我评价问卷和学校调查问卷三个类别进行数据处理。将该结果与该教师的教学视频在学校专用网站上传。被评价对象既可以看到对自己的评价结果和个人展示,也可以看到其他同事的评价结果和个人展示,让所有教师都能相互学习,为全校教师的有效教学提供一个良好环境,从而提升教师教学能力与素养。这种注重教学环境的评价方法虽然克服了评价过程中不注重教师投入的缺陷,以更新颖和全面的方式向大家展示了被评价者的教学能力,但这种方法侧重点较单一,仅从教师对教学环境的运用来进行评估,从某种程度上降低了对卓越教师进行评价的可靠性和准确性。

三、基于课堂教学过程的评价方法

课堂是整个教学过程的关键。教师有目的地、主动地优化教学要素,运用正确的教学策略,引起、维持并促进学生成功学习。具体可从教师的教学能力、教学智慧和师生之间的互动中展现出来,其中教师的教学能力主要关注教师的教学认知能力、操作能力和监控能力(肖庆华,2012)。在教学过程中,教师如果利用好自身优势,在课堂上遇到突发事件能迅速、有效地解决,并和学生进行积极有效地互动,发挥学生的主体作用,那么该教师的教学行为具有较高的有效性。

1. 课堂观察法

目前已有多种卓越教师行为评价的课堂观察法,但使用最广泛的仍是以课堂互动编码系统为主的课堂观察步骤法(Zaare,2013)。该方法实质上是围绕教师课堂观察的结果进行评价,步骤包括预备会议、课堂听课与课后评价。

课堂观察前,评价双方预先确定教学进度、教学目标、教学计划、困难和问题、听课方式、听课重点、课后评价的时间和地点(王斌华,2005)。正式课堂听课时,评价者应提前进入教室,坐在教室后面或角落里。开始上课后,评价者要写听课记录,在事实、评语和建议旁边做好显著标记,内容可有所侧重或选择。听课结束后,评价者和被评价对象要在已定的地点进行课后评价,主要包括宣读听课记录、开展自我评价、核查教学目标、发现优缺点和确定改善措施等内容。

课堂观察法的优势是允许研究者在自然环境下观察教学过程,相比其他方法,能够提供更多细节和更精确的证据,在评价教学时有可能获得更多、更有用的反馈(Zaare,2013)。但是课堂观察法要求评价者在给定时间内记录所有学生和教师间的互动与反应,这在一定程度上可能会限制评价者的视角。同时,在评价过程中,评价者的专业性与主观性也会在一定程度上影响评价的质量。

Gage 和 Margaret(1989)指出,课堂观察法主要关注教师的行为,而很少甚至不去将观察的行为与教师的意愿相关联,也不会将该行为赋予更多的、有意义的情境。在课堂观察法中,研究者容易忽略时间、周期和学科等问题的影响。大多数的课堂观察研究仅关注各种行为发生的频率,而从本质上来讲,课堂的教学效果并不是只与经常发生的教学事件相关。因此,仅通过课堂观察对教师教学过程进行评价来评选卓越教师,缺乏客观性,带有一定的不公平性。

2. 教学档案袋评价法

教学档案袋评价法为教师评价提供了新模式,引发了教师效能定量评价方式研究的改革,进而展示教师能力和促进教师的专业发展(王斌华,2004)。教学档案袋收集教师教学的实际信息,材料较为广泛,包含教师一学年的教学知识、教学技能、教学经验等相关内容。如教学理念与目标、单元及课堂教学计划、学生测验题、学生作业、就学习问题与家长沟通的信件等(谌启标,2006)。

根据教学档案袋的性质可将其分为三类:过程性、结果性和展示性教学档案袋(王斌华,2004)。过程性教学档案袋以评价教师在某一时期多方面的进步过程为目的;结果性教学档案袋展示教师在某一时期的预期目标的实现结果;展示性教学档案袋用于展现教师在多个领域中的卓越成就,这类档案袋常被用于教学评比或其他类似场合(王斌华,2004)。三者的区别主要体现在档案袋的目的、资料和收集方法上,具体应建立何种教学档案袋,最终取决于实际需要。

教学档案袋评价克服了评价者带有主观性偏差的缺点,能够让教师获得主动参与评价过程的机会和权利,能促进教师自我评价和反思,同时能够保存相关的原始材料。通过档案袋评价,还可以更好地改善课程和教学,使之符合学生发展的需要,从而促进学生的发展(谌启标,2006)。但是也有研究者指出,档案袋评价的自身发展尚不完善。例如,档案袋评价工具不能直接提高教师课堂教学水平,具有较高的个人主观色彩,也不能反映教师真实的能力,等等。

3. 微格教学评价法

微格教学评价法是由微格教学演变而来的,它充分吸收了微格教学的合理成分,借鉴了微格教学的某些操作方法(王斌华,2004)。在实施过程中,它要求全体评价对象轮流上课,拍摄录像,展示他们的教学行为和教学技能。然后,通过重新播放录像,开展自我评价、同事互评和专家点评。

微格教学评价法的具体步骤包括:设施准备、前期辅导、制定评价表、编写教案、上课录像、实施评价六个过程(王斌华,2004)。与常规的课堂教学评价法相比,微格教学法的评价指标相对集中,评价主体具备多元化特征,改变了传统评价对象单一的缺陷。此外,微格评价采用回放录像的方式,使得反馈准确、及时、全面,评价效果显著提高,能够在一定程度上规范教师的教学技能。但由于采用拍摄录像的方式,教师可能会表现得不自然,这在日常教学中可能根本不会出现。因此,在之后回放录像对该教师进行评价时,会产生一定的偏差。

4. 课堂评估等级系统法(CLASS)

Robert 和 Bridget(2009)在观察学前课堂教学情境下师生互动行为的基础上,研发出课堂评估等级系统(Classroom Assessment Scoring System,CLASS)。该系统主要是基于教师行为角度,通过课堂观察情境下教师与儿童的互动以及教师如何利用教学材料来评估学前教育的课堂质量(邓小平等,2013)(图3-1)。

课堂评估等级系统(CLASS)主要是从情感支持、课堂组织与教育支持三个维度来对教师进行评价。情感支持维度包括积极氛围、消极氛围、教师敏感性和关注学生四方面;课堂组织维度包括行为管理、产出性和教学活动安排三方面;教学支持维度包括认知发展、反馈质量和语言示范三方面(邓小平 等,2013)。当使用该系统时,可以采用现场观察或录像观察,以一段时间为观察单元,每个观察单元使用一张课堂评估等级系统观察单,采用李克特七点量表计分,分为三个等级。根据评分规则,对三个维度下的十个方面进行评分,其中的消极氛围做反向计分。

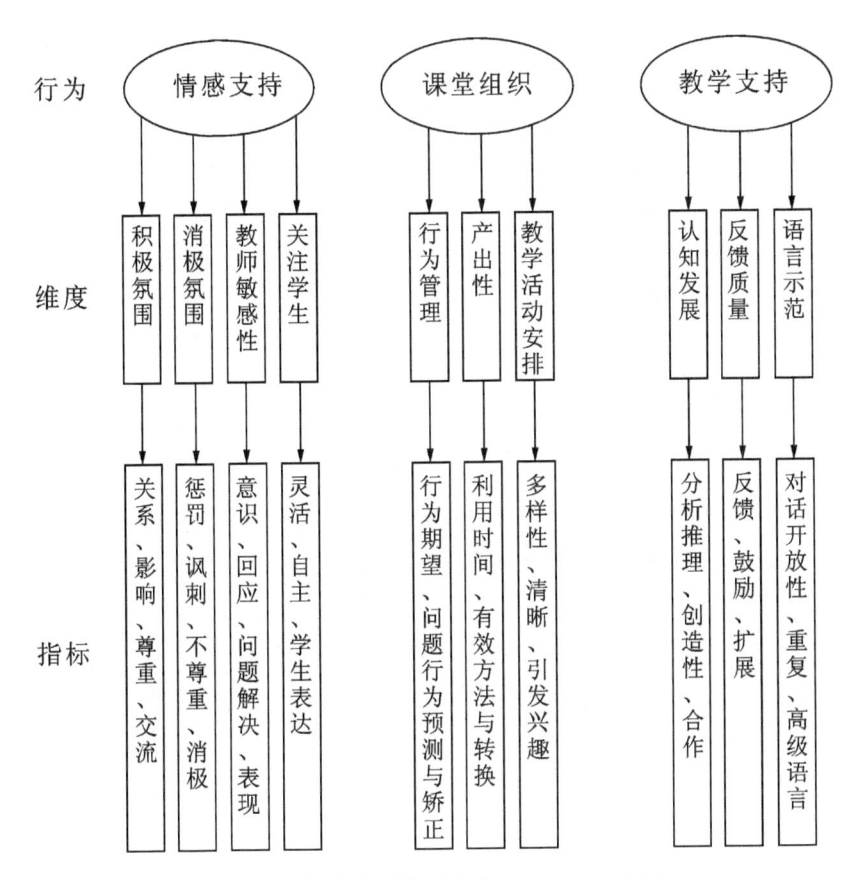

图 3-1 课堂评估等级系统(Robert et al.,2009)

课堂评估等级系统(CLASS)能为研究者、政策制定者、决策者和教师提供课堂环境质量的相关信息,并帮助教师进行教学反思。对决策者而言,该系统提供的信息,能用来评价和监控教育方案是否有效地改进了课堂质量,为政策制定和教育方案实施提供反馈;也可用来评价教师的师生互动质量,从而对教师的互动行为进行评价和监控,以达到对卓越教师行为的评价(邓小平 等,2013)。

5. 总结性评估程序法

教师的教学行为和学科知识对学生未来的成就有很大影响。总结性评估系统为教师进行自我反省提供了很好的机会,有助于教师在教学过程中不断改进完善。总结性评估程序分三步来对教师进行评价:

第一步,确定对教师在评估时所涉及的内容。主要包括以下八个能力:灵活性、创新性、学习力、处理压力能力、执教辅导力、问题解决、合作能力和行动力。

第二步,制定评价这些能力的具体标准和条件。这是通过设置等级评价项目的测量来实现的。

第三步,采用混合方法对教师在这些方面的能力与行为进行评估。这也是其中关键的步骤,采用的方法有观察法、问卷法、访谈法等。

该评价程序主要优势在于结合之前传统的评价方法,进行了纵向长期观察评价,尤其是视频录像的展示和专家评价,让整个评价过程显得客观公正,并能及时得到反馈结果。该评价系统最大的缺陷在于长期的观察容易受到一些额外因素的干扰;教师本身在被观察期间也可能发生变化,导致学生和同事等在进行问卷评价时,所提供的信息并不准确,使评价产生了更多的随意性;在专家评价时,易受刻板印象影响。

四、基于教学结果的评价方法

鉴定教师教学是否有效主要体现在教师上完每一节课之后,对于学生学习所产生的变化情况,因而在评价教师教学有效性时,可以通过学生在知识、技能、情感和行为四个方面的表现来进行,即通过课堂教学后,学生的事实性、概念性、过程性、原理性和策略性五种知识是否在原有基础上得到提升,学生在知识的表象化、理解、记忆、运用和发现能力上是否有进一步提高(肖庆华,2012)。从长远的教学效果来看,课堂上教师的行为表现对学生未来的成就有很大影响,这也是课堂教学结果所产生的作用。关于这方面内容的评价方法主要有绩效考评法和增值评价法。

1. 绩效考评法

绩效考评法是在强化和归化两个理论基础上提出的,是指学校在一定时期内,针对教师所承担的工作,运用定性与定量方法,对教师工作结果和工作表现进行考评(王斌华,2005)。绩效考评法的流程如图3-2,主要从两方面来对教师进行绩效考评:第一,教师工作结果考评。第二,教师工作表现考评。工作结果即教师完成工作或履行职责的结果;工作表现即教师完成工作或履行职责过程中的行为、态度和素质。

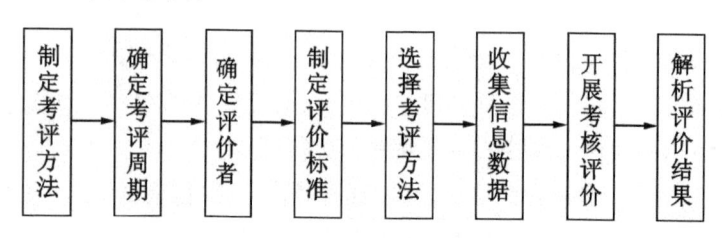

制定考评方法 → 确定考评周期 → 确定评价者 → 制定评价标准 → 选择考评方法 → 收集信息数据 → 开展考核评价 → 解析评价结果

图3-2 绩效考评法流程(王斌华,2005)

绩效考评法被认为是最常用的评价方法,它的优势在于加强学校的绩效管理,发挥导向作用,帮助教师认识到自我存在的不足,帮助其改进工作方法,提高工作业绩。进行绩效考评时,其操作方式主要有强迫压制式、计算统计式和民主参与式三种,具体涉及的方法有十几种。由于各种考评方法的主体、视角和评判方式不同,使得评价者可能在心理和行为上自觉或不自觉地出现各种偏差,从而导致教师评价结果的误差,这是绩效考评法被人们认为比较棘手的主要原因。

2. 增值评价法

增值评价法是一种借助计算机系统和统计程序,对教师教学效果(即教师对学生考试成绩的影响程度)做出判断的教师评价方法(王斌华,2005),该评价方法的基础是认为卓越教师应该帮助学生取得学业进步。

1984年,统计学家桑德斯和麦克莱恩在研究中发现,借助计算机系统和统计程序,通过常模参照测试成绩,对2年或2年以上的学生测试结果进行比较,可以计算出学校乃至教师在影响学生学习方面存在的差异(Shinkfield et al., 2012)。我国一些学校对增值评价法进行了改良,并将其应用于教师评价。评价过程中,他们计算出各班学生考试成绩的平均分、增值幅度,以及标准差。这样,学校领导可以对教师的教学工作、教学效果做出客观评价,也可以对学生考试成绩的影响程度做出比较客观地判断,还可以确认学生的进步是正常还是非正常,是全体学生还是部分学生取得了进步。

增值评价法最大的优点在于它以学生的学业成就为本,考虑了学生的原有基础和进步幅度,得到的对教师的评价相对客观。但是学生的学业成绩不应该也不能够作为评价教师的唯一依据,因为学生的学业成绩并不能全面地反映学生的发展水平。再者,学生考试成绩受到各种因素影响,教师的作用和影响只是部分原因,因而这样单一使用学习成绩的进步与否的标准来评价教师是片面的。

五、将来研究展望

无论是传统评价方法还是新兴的评价方式,都能在某种意义上区分出卓越教师。这些评价方式体现为两个确定的事实依据:教师有效性的多变性和教师在课堂外的教学经验(用于证明对学生成就有关系的特征品质)(Rockoff et al., 2011)。Gordon等人(2006)在洛杉矶根据前两年教师的教学成绩,将教师分为四类,检验在接下来的一年里不同分类的教师课堂上学生的表现及结果,作为客观评价方式的研究证据。而主观评价则多数是通过学校校长、同事、专家等的主观感受以及经验对教师教学行为及过程进行相应评估。纵观对卓越教师进行评价时所使用的模型与方法，不同方法虽有一定优势，但将这些方法聚合后，它们或许有着一致的缺点，这也是日后我们可着手改进的方面。

首先，从宏观角度来看，所有的评价方法在本质上都缺乏客观性。大多评价方法都依赖于观察者或评价者，具有主体偏见，量化时可操作程度较低。因此，针对卓越教师行为的评价，将来研究可以将教师心理水平作为切入点。在此基础上，重点关注教师教学行为特征，将教学中所涉及的素质、环境、过程、结果等要素进行操作性定义，并且寻找有效的行为效标，从而使教学行为评估数据客观化。

其次，从测量学角度来看，对卓越教师进行有效性评价时，究竟应从哪些变量来对教师行为进行定量与定性分析，并未得到一致的结论。一般的评价方法主要是通过教学过程和教学行为，但有研究者也指出，对于儿童课堂质量的预测因素起作用的是固定特征（例如教师与儿童的比率、在校一天的长度等）和教师的心理学变量（例如教师的信念和压抑症状等），并非教师的经验和教育背景（Paro et al.，2009）。在评估中所使用的问卷，其信度与效度未必达到统计要求，这将影响评价结果的可推广性。因此未来研究应该积极借助心理测量，将教师教育与心理测量结合起来。融合当代教育改革，通过不断实测与修订，建立统一的理论模型，不仅要涉及教师的教学行为等外部因素，还应及时关注教师的心理对于学生学业的影响。

最后，从发展心理学角度来看，在评价过程中往往只评价教师当前的能力，没有涉及教师的未来发展和学生的未来情况，没有检测评价者与观察者自身评价有效性的程度，也不明确该评价是否受到教师开始教学时学生基础能力表现等客观数据的影响。对教师行为有效性的评价，离不开学生学业成绩与未来发展的表现，因此，今后可对卓越教师进行长期的纵向观察与评价，并与横向研究结论相结合，增加教育实验研究，依据科学的测评数据，全面对卓越教师能力与成绩进行评估，从而促进卓越教师队伍对学校教育质量提升发挥关键作用。

第四章　卓越教师行为理论构建研究

对个体心理和行为的评价通常需要客观有效的效标作为衡量标准,而理想的效标往往需要建立在"行为结果"的基础上。对于教师行业而言,单纯"行为结果"的指标极其有限,仅有的升学率、学科成绩、年终考核等无法系统、科学地揭示教师教育的本质。同时,由于教师职业具有特殊性,其"行为结果"数据的收集受到很多因素的限制,如教育投入—产出的周期过长、付出—回报不一定等价、教育过程难以重复等。因此,很难获取针对教师评价的科学、有效的行为结果指标。

随着行为科学在教师教育研究领域的不断深入,人们提出了基于行为的绩效评估方法,如课堂评估等级系统(CLASS)、课堂教学师生互动模式分析、互动和学习视频评估等,因而教师教育教学行为本身逐渐被纳入教师绩效评估的指标范畴。因此,与其继续寻找那些片面的、离散的客观指标,还不如以"行为本身"为导向,寻找那些既能准确、系统反映教师教育内涵,又具有广泛代表性的教育教学行为样本构建卓越教师行为评价的指标体系。

尽管目前国内外关于卓越教师行为的评价指标因文化差异和研究视角的不同,仍然没有取得统一的研究结论,但以教学支持、课堂组织和情感支持来评估卓越教师行为的研究取向最具代表性。本章将回顾近年来国内外对这一问题的研究现状,构建卓越教师行为评估工具的理论模型。

第一节　卓越教师行为研究述评

一、卓越教师行为研究历程

从教学实践的发展历程看,有效教学经历了寻求教学规模的有效教学、建构教学模式的有效教学和走向教学设计的有效教学三个阶段。卓越教师行为研究在有效教学研究的基础上形成三类研究取向:好教师的品质研究、好教学的特点研究、有效教学的综合研究（陈晓端 等,2005）。这三类研究取向历经了以下六个阶段:第一个阶段,重视教师人格特质或个性对有效教学的影响;第二个阶段,注重教学方法对有效教学的作用;第三个阶段,强调教师行为与学生学习相互联系对有效教学的影响;第四个阶段,认为有效教学主要是指教师对于一系列能力的掌握;第五个阶段,重视教师恰当地发挥包括专业决策能力在内的各种才能;第六个阶段（即现阶段）,注重学科教学知识和技能对有效教学的作用。

1. 重视教师人格特质阶段

卓越教师行为研究的第一阶段出现在 20 世纪初。卓越教师行为研究立足于区分高效教师与低效教师的人格特征,并通过对学生的调查得出符合卓越教师的个性特点（陈晓端 等,2005）。然而,当时的研究尚未测量教师智力、人格特征、态度和相关特质,仅根据卓越教师的相关个性特征词汇来判断教师是否为卓越教师。20 世纪 30 年代,研究者不再单纯依靠学生反馈评价卓越教师,而开始结合教学专家观点综合评价并提出了卓越教师的六个重要特征:良好的判断力、自我控制、关心体贴、有激情、有感召力、适应力强。20 世纪 30 年代,学者们完善了卓越教师行为特征,分别为:善于合作、对事业忠诚、有感召力、个体形象好、内心强大、心胸宽广、关心体贴、有领导力,即人们认为具备这些个性特点的教师应被视为卓越教师行为（余中根,2014）。

2. 注重教学方法阶段

卓越教师行为研究的第二个阶段出现在 20 世纪 40 年代。这一阶段的研究者认为,教师的人格特质只是有效教学的必要条件而非充分条件,教师的教学实践比其人格特质更为重要,教师的教学实践应该成为教师教育的基础（姚利民,2004）。职前教育阶段的准教师需要学习的不是他们应该成为什么样的人,而是应该学习如何进行有效教学。这一观念导致了教学方法改革实验的出现,通常的做法是进行对照实验,将几个班级作为实验组,采用新颖的教学方法,而剩下的大多数班级作为对照组,仍采用传统的教学方法,然后对采用不同教学方法的班级的教学效果加以对比,以便探寻出更加有效的教学方法。可以看出,注重教学方法的有效教学观,克服了第一阶段只重视卓越教师人格特征这一主观标准的不足,其结果更加客观。但这一研究方法存在着严重的缺陷,即在进行研究设计时割裂了教与学之间的联系,同时,参与教学方法改革实验的教师人数很有限,实验结果对其他不参加实验的教师不具有普适性,这一研究方法很难推广。

3. 强调教师行为与学生学习相互联系的阶段

卓越教师行为研究的第三个阶段出现在20世纪60年代。该阶段研究不仅关注卓越教师稳定的行为方式,也关注教师行为和学生学习之间的相互联系(姚利民,2004)。该阶段以观察法探索稳定的行为方式。通过标准化评价手段将教师行为方式与学生成就相联系,并通过特定方式指引教师对部分行为方式进行修正。研究者从简洁明了、善于变化、热情、任务导向、具有批判性、学生有机会学习标准材料并使用建设性言论等方面衡量卓越教师行为方式和课堂气氛,并将其作为区分高效教师和低效教师的标准(王曦,2000)。然而,这种研究方式仍存在一些不足之处。首先,观察法需要观察者发现卓越教师的行为方式与学生的学习方式之间的联系从而推进有效教学的实施,这对观察环境和观察者的专业能力都有较高要求。其次,该类研究受限于观察法的研究方法局限,难以展开与教学研究相关的质性研究。

4. 能力本位的阶段

卓越教师行为研究的第四个阶段出现在20世纪70年代初。这一时期,教师行为方式与学生学习之间相互联系的研究方法逐渐被能力本位模式取代。能力本位模式认为,卓越教师与低成效教师的主要区别在于,卓越教师拥有实现有效教学的技能、才能、知识等关键能力要素,但并不需要拥有普遍教师能力清单内全部的能力。虽然认可教师可以通过不同的方式成为一名卓越教师,但并不主张所有教师都必须拥有上述核心能力(姚梅林 等,2003)。研究者还认为,教师对各种能力的掌握,并不需要在所有情境下都保持行为的稳定性,因为其能力仅运用于特定的环境。比如教师适时地提出高难度问题的才能就是一种关键的能力。能力本位的研究方法在构建有效教学时,既考虑到了卓越教师的行为特征,也考虑到了卓越教师的行为情境性,体现了卓越教师的本质内涵。

5. 重视教师专业决策能力的阶段

卓越教师行为研究的第五个阶段出现在20世纪70年代中期。事实上,重视专业决策能力的卓越教师行为模式是前述能力本位模式的一个组成部分,之所以将专业决策模式从能力本位模式中单列出来进行探讨,是因为专业决策模式更加关注卓越教师对能力的合理运用(吴志华 等,2004),以期能更好地构建有效教学。这一时期,研究者逐渐开始思考,在职前培养、在职教育和继续教育等阶段,卓越教师会在什么时候做出决策、做出什么样的决策、决策的效果如何等问题。如在教学过程中,教师时刻都需要做出大量决策,甚至在备课和课后阶段也要做出许多决策。因此,卓越教师是专业的决策者,研究的重心在卓越教师如何做出决策、新手教师和在职教师能否发展这些决策能力等方面。

6. 注重学科教学知识和技能的阶段

20世纪80年代,学界开始了卓越教师行为研究的第六个阶段,并一直持续至今。此阶段研究聚焦于学科教学知识对提升教学质量的核心作用,研究者认为,单纯的学科知识积累并不等同于有效的教学能力构建,即学科领域的专家并不是自然转化为该学科的卓越教学能手。关键的分水岭在于,教师是否能够巧妙地将深厚的教育学原理与策略融入其学科教授之中,这不仅是知识层面的跨越,更是教学实践智慧的展现。此项研究从根本上革新了教育界对教师专业成长路径的认知,强调了把学科教学知识作为教师专业素养不可或缺的一部分(周兴国,2008),这样的认识转变有助于培养出能实施有效教学的卓越教师。然而,当前的研究趋势则鲜明地指出,教师应具备的是一个综合的知识框架,涵盖了教育学、学科知识、课程理论、学生特点、学校环境以及学科教学知识这六大板块。过去的教育研究侧重于对教师学科背景的宽泛、间接评估,如教育背景、考试分数及学习经历等,偶尔也会通过学生标准化测试来间接衡量教学效果。随着对学科教学知识重视度的提升,研究深入要求教师对教学信息的全面把握,细致分析教师如何设定学科学习目标、学生期望达成的目标、教学内容的精选、备课阶段的教学策略运用,以及这些决策背后深厚的学科教学知识支撑。研究的焦点不再聚焦于单一的教师学科知识,而是转向了更为宽泛的学科教学知识领域,探索卓越教师如何规划学生的学习、如何有效增强学生的认知能力等。大量研究表明,学科知识与教育学知识之间存在着错综复杂而又深刻的关系。教师教育研究领域正在逐步构建起一个相互关联的知识网络,能够深刻洞察学科特性、知识体系、教学观念及其实践之间的内在联系,这一转变不仅深化了教师教育的内涵,也促使新入职教师与在职教师更加重视跨学科知识的融合与应用(郭勇,2014)。

二、卓越教师行为的研究动态

Porter等人(1987)指出,卓越教师应该具备如下行为特征:要明确教学目标;对教学内容和策略熟悉;对学生抱有期望并让学生知晓;灵活应用教学材料,促进学生的学习实践;知晓学生学习中的问题和不足;可以传授"超认知策略";不断设定相应的认知目标并给予反馈;有跨学科融合能力;对学生成绩负责;及时的反思行为。这一观点为提升卓越教师行为评估水平、促进教师专业能力发展提供了宝贵的参考框架。

1. 卓越教师的专业化知识技能

一个卓越的教师能够精准驾驭并灵活运用那些达成教育愿景所必需的知识与技能(Andersonetal.,2004)。就教师能力而言,掌握知识与技能并非孤立的行为,而是深植于教师的专业素养之中,运用知识与技能的过程,则是教师能力在工作中的具体展现。这不仅要关注教师内在的知识结构、教育理念和专业素养,还要深入分析其在教学实践中的具体表现、成效及影响。朱镜人(2003)提出了三种关于卓越教师的假定:

第一,卓越教师对自己的教育目标有深刻的理解并为之不懈追求。

第二,卓越教师的教学目标并非孤立存在,而是与学生的学习紧密相连。

第三,影响教师教学效率的因素有教学目标和学生的学习态度、兴趣和能力。

虽然评估普通教师的教学效率可能面临诸多挑战和困难,但对于卓越教师可以从多个维度来深入探讨其教学效率的表现特征。这些维度包括但不限于以下特征:学习的机会和作业、课堂环境、班级的组织与管理、课的结构、师生间的交流、学生的参与和学生的成功、教师的教学改革热情。

2. 卓越教师行为理论中的教师专业化发展

随着我国基础教育领域新课程改革的深入实施,卓越教师行为理念成为推动教师专业成长、实现改革目标的核心动力。在这一背景下,教学作为落实新课程蓝图的基石,亟须以创新的姿态展现其在课程改革整体架构中的独特作用与价值。卓越教师行为理念强调,教师需秉持前沿的教育理念,掌握高效的教学策略,这不仅是对传统教育观念的深刻反思,也是对教师角色观、教学观及专业发展观的全面重构,对教师群体的教育认知与行为实践构成了广泛而深远的影响。具体而言,这一变革要求教师主动审视并优化那些根深蒂固的教学习惯与方法,深入挖掘并调整背后的教育观念,确保教学的"有效性"建立在教师对"教"的精准把握与适时调控之上。教师作为调控主体,其教学行为直接关联到教学效能的高低,而教师的专业水平则是衡量教学有效性的重要标尺,这一标尺的精准度与可靠性需在教学实践中不断验证与强化。值得注意的是,教师专业发展的过程与有效教学的实现相辅相成,二者在相互促进中共同成长。教学作为一项双向互动、具有反馈机制的活动,其进步不仅体现在学生的全面发展上,也伴随着教师个人素养与专业能力的提升。因此,有效的教学实践是教师专业成长的沃土,而教师专业水平的持续精进则是提升教学质量、确保教学有效性的不竭源泉(吴宏 等,2008)。

三、有效教学框架

美国丹佛市学区携手工会及教育工作者精心构建了有效教学框架(framework for effective teaching,FET)。该框架创新性地依据学科差异与学生特性的多样性,创设出通用性与特定性两类评价框架体系,确保评价的广泛适用性与精准性。其评价范围广泛覆盖学习环境营造、教师专业素养展现及课堂教学实践三大核心领域,旨在全方位审视教学成效。评价实施过程包括基于课堂观察的动态评估和基于实物证据的静态评估。为了提升评分的信度和效度,FET 设置了标准化的评分标准、详细的示例、评价者的资质审核等保障机制。

1. FET 的评价模式

FET 体系聚焦于卓越教师的教育实践精髓,旨在通过强化与支持教师的教学行为与专业成长路径,进而提升教学质量,为学生的全面学习与成长铺设坚实基石。FET 评价模式是一种典型的质性评价模式,其核心价值超越了单纯的教学水平评估,在评估教学水平的同时更关注于问题的诊断与解决,旨在通过深入剖析教学过程中的挑战,为教师的实践优化与专业进阶提供有力支撑。该评价模式强调教师的主体参与性、评价双方的深度对话与信息共享,以及教学过程中多维度信息的综合采集(王瑞 等,2020),这些要素共同构成了 FET 评价框架的基石。此框架的构建,既根植于坚实的理论基础,又汲取了丰富的实践智慧,确保了评价的有效性与针对性,同时也为后续利用评价结果指导教学改进奠定了坚实的基础(梁文艳 等,2018)。鉴于不同学科与教学对象的独特性与多样性,FET 体系被巧妙地划分为通用型与特定型两类有效教学评价框架,以更加灵活精准地适应和满足不同教学场景的需求,确保教学评价工作的全面覆盖与深度渗透。

通用型的有效教学框架分为学习环境、课堂教学和专业素养三个领域,包括积极的课堂文化和课堂氛围、有效的课堂管理、娴熟的教授技能、高效的教学措施、充分了解学生和数据的使用、有效的协作和参与、注重反思、学习和发展、卓越的教师领导力等 8 个维度和 21 条有效教学指标(王瑞 等,2020)。FET 每项指标均设有 4 级评价标准(即未达标、基础达标、效果显著、卓越优秀),并辅以 7 级评分等级。此评级体系旨在助力教师清晰识别个人优势领域与专业成长方向,无论是资深教师还是新晋教师,都能依据自身发展需求,定制个性化专业发展路径。所有指标均紧密围绕学生全面发展为核心,旨在促进学生在学习生活、社会技能等多方面的成长。特定型的有效教学框架为各个学科针对不同类型的学生群体和教学场景设计了特定的教学评价框架。例如,针对特定学科的评价框架有:职业和技术教育、世界语言、音乐、身体健康教育、戏剧、舞蹈等。针对特定教学对象的评价框架有:特殊教育、早教、资优教育等。与通用型框架相比,特定型的框架显著强化了学科知识与教学质量的中心地位,其评价指标设计得更为精细且深入学科本质。尽管两种评价框架在宏观层面上均涵盖了学习环境和课堂教学两大核心领域,但具体而言,在特定型的评价框架下的各项指标则依据学科特性呈现出显著的差异性。

2. FET 的评价标准

Darling Hammond 强调,构建一个包含具体行为准则的教师评价体系至关重要,它能精准区分教师行为上的差别,进而有效促进教学的持续精进与成效提升,最终达成正面评价效应。基于此,FET 评价体系精心设计了多维度下的具体指标,每项指标均配套了详细的评分准则与有效行为例证,确保了评价过程的具体化与可操作性。其评分体系构成涵盖评价领域、细分维度、量化指标、等级划分、实际教学表现及有效行为范例六大板块,同时展现出极具创新性的双向视角——教师发展与学生进步,通过提供双方的有效行为示例,使评价者能更为全面、深入地洞察教学过程,从而得到更为精准、客观的评价分数。FET 将教学表现细化为"未达标、达标、有效、卓越"四个梯度,明确界定了评分标准,使得课堂观察与评估过程更加系统、科学,便于评价者快速准确地进行分类评价。此外,FET 的双向反馈机制是其一大突出特点。它不仅助力评价者依据具体、全面且量化的标准实施客观评判,还促使被评价教师能直观审视自身教学的亮点与待改进之处,为制定个性化提升计划与行动路径指明了方向,实现了教学行为评价与发展的良性循环。

3. FET 评价实施过程

FET 作为 DPS 教师评价系统(LEAP)的核心组成部分,对教师教学评价与LEAP 系统保持同步。鉴于学习环境、课堂教学与专业素养三大板块在评价方式上的差异,有必要分别探讨 FET 评价如何通过课堂观察的动态机制与实物证据的静态分析来具体实施,具体过程如下:

(1)基于课堂观察的动态评估

FET 针对学习环境和课堂教学的评估依托于课堂观察这一动态评估机制,包括正式观察与非正式观察。正式观察由校领导及专业评估团队协调进行,聚焦于课堂教学实践与学习环境,通过细致观察教师的实际教学实践,并依据 FET 标准体系评分,从而精准评估教师的教学效能,并辨识其强项与成长潜力(王瑞 等,2020)。非正式观察则以灵活的形式,由校领导随机进班,即时捕捉教学实况,确保对教学动态进行全面把控。这一观察周期始于每年九月初,持续至学年底的前一个月,确保了评价的连续性与全面性。以丹佛市学区为例,每位教师年度内将接受至少四次,含至少一次正式观察在内,至多六次的课堂观察,以强化评价的密度与效果。正式课堂观察涵盖课前预备性会谈、课堂实时观察及课后深度反馈三大环节。

① 课前预备性会谈:在进行正式课堂观察之前,教师与评价团队会聚集召开一次交流会议。此次会议的核心在于明确观察记录的细节和要点,促进双方理解,确保观察流程的无缝衔接。同时,会议也会就教师已展现出的卓越教学行为与活动进行深入探讨与确认,鼓励教师提前调整状态,做好充分准备。此过程彰显了对教师职业付出的高度认可与尊重,体现了教学评价的人文关怀,也有利于教学评价的顺利进行。

② 课堂实时观察:学校领导或资深评价专家依据既定的评价标准与工具,正式步入课堂实施观察。此环节作为教师评价的重要手段之一,强调观察者需要明确目标,综合运用感官与辅助设备(诸如观察记录表、音视频记录工具等),全面且细致地捕捉课堂信息,为后续的分析研究奠定坚实的基础。

③ 课后深度反馈:课堂观察结束后一周内,评价团队与教师会再次聚集召开讨论会议,进行成果反馈与讨论。评价者将基于观察结果,为教师提出具体而富有建设性的建议,并协同制定个性化的专业成长路径图,以期通过持续改进教学实践,激发教师的教育创新思维,强化其教育教学能力,最终实现个人与职业的双重发展。

(2)基于实物证据的静态评估

教师专业素养的评估依托实物证据,由学校领导主导,通过教师的自我评估的方式加以实现。此过程在学年中期与末期均设有评分环节,但将年末评分纳入教师综合评价体系。在正式评估启动前,教师需先进行自我审视。评估时,强调对教师各指标表现进行整体考量,避免片面聚焦于单一行为。

作为 LEAP 体系的一环,FET 专注于教师教学的质性分析,虽不涉及学生成绩的直接增值评价,却通过精细化的评价活动,有效促进教师教学水平的提升,弥补教学短板,加速教师的专业成长步伐。FET 模式具有较多创新点:其一,在框架设计上,它不仅覆盖了主流学科的教学评价,还针对特殊学科及特定学生群体量身定制了评价框架,展现了高度的灵活性与针对性;其二,在评价内容上,FET不仅聚焦于课堂内的教师行为,还延伸至课后教学实践,扩大了专业素养的评估范围;其三,在评分标准层面,FET不仅定义了教师层面的关键行为指标,还融入了学生层面的关键表现描述(王瑞 等,2020)。因此,我国教师教学评价应考虑学科异质性和学生差异性,建立不同学科、不同类型的教学评价框架,完善教学评价结构,评估教师课后的实践表现,关注教学的全面进展;制定详细、可操作的评分标准,提高评价结果的准确性;提升评价手段的科学性,提高评估的信度和效度;鼓励教师主动参与,构建教师参与型的评价体系;建立评价反馈机制,促进卓越教师专业发展。

第二节　卓越教师行为理论模型

相对于教师心理素质、教学环境及教学结果,教师的教育教学行为在教师评价过程中受到越来越多研究者的关注。本节介绍卓越教师教学支持、课堂组织和情感支持的基本内涵、评估研究及存在的问题与将来研究展望。

一、教学支持

1. 教学支持的概念

尽管有关教师教学支持的研究持续了很长时间,截至目前仍然没有形成一个统一的定义。Smith和Hodgin(1985)认为,有效的教学支持是指教师能够严谨、清晰、连贯地讲述新知识的过程。Rosenshine和Stevens(1986)提出,有效教学支持是教师在课程开始时简短地回顾之前的学习内容,并具体说明当前课程的学习目标,从而激活学生的图式,帮助学生理解新的学习内容。在此基础上,Torgesen(2002)认为,教学支持应该是师生间的互动教学,包括提供具体教学经验的实践,高效的课堂时间、有更多的教学和学习机会,以及有效的"支架教学"策略和积极反馈。Turner等人(2002)提出,在有效教学和动机支持的课堂上,教师会尽力帮助学生理解知识,强调学习的参与,并关注、鼓励学生。Pianta等人(2008)基于儿童认知和语言发展的研究,提出教学支持不是单纯的课程内容和学习活动,而是教师通过实施教学策略有效地促进学生的认知和学业发展,并将教学支持分为概念发展、反馈质量和语言示范等三个维度。由此,教学支持的概念开始进入人们的研究视野并受到广泛关注。

对教学支持的含义,综合以上描述发现,高教学支持的教师重视培养学生的高阶思维能力,给予学生持续、及时和过程导向的反馈,努力提升学生的语言技能,最终帮助学生取得更大的成就,同时教师教学支持主要体现在教学策略上。事实上,教师教学支持是教师通过教学活动促进学生获得知识,更重要的是促进学生认知的发展,它包含知识建构、概念发展、反馈质量和语言示范等四个维度。知识建构是指教师通过教学促进学生掌握知识的程度;概念发展是指教师通过教学讨论和活动促进学生高级思维发展的程度;反馈质量是指教师通过对学生想法和行为的反应及评论拓展学生学习的程度;语言示范是指教师关注学生的读写能力,促进学生的语言发展。

2. 教学支持对学生发展的影响

教学支持不是单纯地进行课程教学和学习活动,而是教师通过一定的教学方法和策略对学生的认知和学业发展产生有效提升。教师一般采用的是可以提高学生高级思维能力的教学策略,是根据学生变化进行及时、一致的反馈,关注到学生整个的学习过程(Hamre et al. ,2005;Meehan et al. ,2003)。这种及时和一致的反馈意味着教学支持可以发生在教学过程的任何一个阶段。

学生在学校度过他们的绝大部分时间,在此期间进行学习活动和人际交往。在学校生活中,教学活动是占主体地位的。教学活动不仅是知识的传播过程和学习活动,更是一个社会交往活动(张春莉 等,2015),涉及教师和学生两个群体。显然,师生关系与同学关系是学生在学校里最基本的两种人际关系(王希华 等,2006)。相关研究表明,学生可以从这两种人际关系中得到相当重要的社会支持(傅安国 等,2012),从而产生相应的认知发展和人际互动行为。毫无疑问,在教学支持这一动态的社会人际交往中所发生的教学活动会对学生产生重要的影响。

学校适应性往往是心理学与教育学领域很重要的研究内容,一般以学校态度、学业成绩和人际适应这些指标进行评估(姬鸣 等,2016),研究证明,课堂中的教学支持会对学生的适应性行为造成影响。越高效的教学支持使得学生能越快地适应课堂,适应学校,更好地在学校进行学习和生活(Pakarinen et al. ,2011)。

(1)学生课堂行为

教师的教学支持对学生行为有不可小视的影响,学生的学习行为会在教学过程中被教师的教学行为唤起、维持和促进(高巍,2012)。反馈质量作为教学支持的重要一环,体现出教学支持的有效性。张春莉等人(2015)研究发现,教学过程中教师与学生的互动模式比单纯的教师态度更能诠释这一过程中的师生关系,互动良好的教学,教师的有效反馈能够体现出良好的师生人际关系,此项研究中,冷漠组的教师表现出被动与忽视,很少督促学生积极回答问题,作为回应,学生都表现出不主动回答问题,忽视课堂教学,在问答活动一致性这个指标上低于整体水平。这样的被动与忽视反映了低质量的教学反馈,在一定程度上属于低水平的教学支持,学生很难有效地参与课堂中,只能作为课堂中的边缘人物。刘玉梅(2013)的研究发现,这些被忽视的学生往往成为班级中的弱势群体,为了引起注意,他们会产生课堂不良行为,如在课堂中制造噪音,或者无意义地大声重复教师的话语。另外,教师反馈不当也可能造成课堂不良行为,无意义的指责和惩罚会造成学生的逆反心理,不仅影响学生自己的学习,更影响了整个班级的课堂教学。

(2) 学业成就

学生早期的学校经历中,卓越教师的教学支持有助于缩小高学业失败风险的学生群体和低学业失败风险的学生群体之间的差距(Hamre et al.,2005),也就是说,在高效的课堂教学活动中,提高学生学习兴趣及推动概念发展可有效避免学业失败。教师对知识的高度分析与综合、推理和应变、创造性地解答有助于学生掌握所学内容。在现有的教学环境之下,言语教学成为教学方式的主体。Morrison 等人(2002)指出,在儿童早期的学校生活中,阅读困难与障碍的克服与教师的高水平语言支持有关,教师越是在学生的学习阅读过程中进行语言支持,学生的言语能力在一定时间内上升得越多。教师的及时反馈和言语示范也表现出教师的作用,当学生在教师要求下进行事实澄清、信息解释或者去证明自己观点的时候,学生就会开始思考,从而在这个过程中掌握分析问题和解决问题的方法(Yeung et al.,2010)。一项幼儿课堂的研究显示,教师对于课堂的组织直接影响幼儿的学习产出,在科学有效的课堂组织下,幼儿能够更好地掌握所学内容,更好地表达出已经掌握的知识(Wharton-McDonald et al.,1998)。

(3) 学生人格

随着社会发展和教育观念的更新,人们不仅时刻关注学生学业成绩,更重视学生的人格发展。人格发展对于个体的重要性不言而喻,健全人格的形成有利于个体能力的有效培养。在教学过程中,教师教学支持扮演着极其重要的角色,能否创造良好舒适的教学氛围决定了学生能否具有良好的个性发展。一些教师的不良教学支持会对学生产生消极影响,学生体验到不被重视,难以与教师相互配合完成学业,从而对学习产生回避。作为尚未成熟的个体,学生需要在学校学习、生活和活动中获得自身的发展与成长(高巍,2012)。教师的有效组织、指导和监控会提高教学双方的产出,教师能够更有效地教学,学生也能更有效地学习。高效教学支持下,教师帮助学生去建立心理愉悦感、自我努力感,并帮助学生实现对自我的正确关注,建立学生的自信心(Turner et al. ,2002)。

3. 教学支持的评估

(1)课堂教学有效性评估

美国教育部"多元化与卓越化教育研究中心"(Centerfor Research on Education, Diversity, and Excellence, CREDE,1998)建立了教师课堂教学的五个有效性评估标准:

① 师生共同参与创造性活动。
② 在课程实施中发展学习者的语言素养及文化素养。
③ 把教学与学生的实际生活联系起来。
④ 教给学生复杂的思维技能。
⑤ 通过对话进行教学。

每条标准包括有 5—9 个评估指标。如标准②下的指标有:对学生谈话、对问题做出及时反应;鼓励学生讲一些熟悉的话题;通过示范、提问、重述等方法鼓励学生发展语言;尊重学生的语言表达风格,通过频繁的目光接触、说话交流等行为方式与学生互动;通过听、说、读、写活动将学生的语言与学习内容相联系;鼓励学生用所学词汇发言;为学生提供与同伴、与教师互动的机会;鼓励学生使用母语和外国语。评估者通过观察每个标准下的指标,对每条标准进行评估。

(2)弗兰德斯互动分析系统

弗兰德斯互动分析系统(Flanders' Interaction Analysis System, FIAS)是著名的课堂行为分析技术,由美国教育家 Flanders(1963)提出,主要用于记录和分析课堂中师生语言的互动过程及影响,促使教师更加关注教学细节,从而提升教学行为。语言行为是课堂中主要的教学行为,占所有教学行为的 80% 左右,通过观察教室情境中师生双方的语言互动,可以对教师的教学支持进行有效地评估。FIAS 由三部分组成:描述课堂互动行为的评估系统;观察课堂教学和记录编码的步骤规范;评估并对数据进行呈现、分析,实现研究目标的方法。评估系统主要分为教师的言语行为、学生的言语行为和课堂沉寂情况三大类。共包含十种课堂行为评估,其中,教师有直接影响和间接影响的言语行为共七类(直接影响:讲解、指示、批评学生等;间接影响:接纳并理解学生的感受、表扬或鼓励、提问等),学生主动发言和被动提问两类,课堂沉寂或混乱一类。关于观察方法,根据十种课堂行为评估,每隔3秒对教师行为做一次判定和记录,由此形成一个数据记录表。关于评估方法,将数据记录表整理为一个10×10的矩阵,对相同的编码组合进行统计,将总计次数填写在10×10的矩阵中,可以对课堂教学结构、教师的教学倾向等进行分析。

(3)互动和学习的视频评估

美国高等教学研究中心(Center for the Advanced Study of Teaching and Learning,2011)开发了互动与学习视频评估(The Video Assessment of Interactions and Learning,VAIL)。该系统是教师基于视频分析,识别视频中有效的师生互动,对教师的教学技能和教学策略进行评估的一种方法。关于评估方法,教师首先观看两段或三段课堂教学的视频(每段视频2—3分钟),并识别视频中的教师在师生交互过程中所采用的策略,在观看完视频后,教师需要至少说出视频中的五种交互策略,如视频中的教师让学生积极参与课堂学习、保持学生注意力时所采用的策略。关于评估标准,先让专家根据课堂评估等级系统(CLASS)的描述识别视频中的师生交互策略,作为评估的标准,然后将教师识别出的每条策略与专家标准进行比对,评估准确性(对或不对)。同时,对于教师识别出的每条策略,要求教师基于视频,举例描述所识别策略的具体行为(即视频中教师采取某策略时表现出的行为),再根据举例的具体行为与策略的匹配性,进行评分。

(4)课堂教学师生互动模式分析

Pollard(2002)以图示的方法揭示了教师与学生之间互动的特殊特征与品质。此方法可以对教师在学习活动中的主动程度和学习者的主动程度进行评估,从而鉴定师生的互动模式。图示的纵坐标代表教师在学习活动中的主动程度,横坐标代表学习者的主动程度。因此,这个模式可以分析教学活动中两个关键的变量,并形成四个"互动象限"——教师驱动、资源驱动、学生驱动和学习驱动。最好的互动模式应该是教师高参与(特征如:教师找机会反复强调规则、教师频繁强化、教师与学生共同决定如何进行学习)、学生高主动(特征如:学生决定如何组织他们的学习、学生追求自己的兴趣、学生受到鼓舞和自我激励)。在教师高参与、学生高主动这一互动象限下,具有更高的教师教学支持。

(5) 教师创造性教学行为评价

英国学者 Cropley(1997)构建了教师创造性教学自评量表(Creativity Fostering Teacher Index, CFT)。他认为教师的创造性教学能够推动学生的高水平思维活动的发展,对评价教师的创造性教学行为具有重要意义。CFT 指标划分了九种创造性教学行为,包括:鼓励学生独立学习;具有合作性和整合性的教学风格;激励学生掌握事实性知识,为思维的发展奠定坚实的基础;延迟评价学生的想法,等学生完全形成并明确自己的想法;鼓励学生灵活地思考;促进学生的自我评价;认真对待学生的建议和问题;为学生提供资源及不同环境下的学习机会;帮助学生学习应对挫折和失败,让他们有勇气尝试新的、不寻常的东西。每种创造性教学行为中,都有五种具体行为表现的描述,如"鼓励学生独立学习"的描述有:"我鼓励学生告诉我他们自己学到的知识""我教会学生基础知识后,留给学生个人学习的空间"等。教师对每个描述进行自我评价,共有 45 道题,每道题都采用 6 点计分。张景焕等人(2008)对 CFT 指标在中国文化下进行了修订,包含学习方式指导、动机激发、观点评价和鼓励变通 4 个维度,共 28 个项目。

创造性教学行为自评量表除了采用教师自评的形式外,吴洁清等人(2015)在张景焕等人修订的量表中,采取学生他评的形式,即让学生对教师的创造性教学行为进行评价。将项目中的人称表述方式从"我"改为"教师","学生"改为"我们",并保持项目表达意思不变。如将原量表中的项目"我赞赏学生将所学知识派上不同的用场"改为"教师会赞赏我们将所学知识派上不同的用场"。量表仍保留 28 个项目,所有项目都转变表述方式,根据符合程度,从"从不如此"到"总是如此"逐次记 1—5 分。各维度分数越高,则表示学生感知到的教师创造性教学行为越多。

(6) 课堂评估等级系统(CLASS)

课堂评估等级系统(CLASS)是在课堂情境下,通过观察教师和学生间的互动,对教学活动进行评估的一种方法。其中,教学支持系统包括概念发展、反馈质量和语言示范三个维度。其中,概念发展反映师生互动过程中教师对学生高水平思维活动的推动;反馈质量反映师生互动过程中教师的反馈加深学生对学习内容的理解;语言示范反映教师关注学生的读写能力,促进学生语言的发展。

教学支持评估系统的计分方法如下:概念发展通过分析和推理、创造性、融会贯通、联系实际四个指标来计分;质量反馈通过提供"脚手架"、反馈回路、促进思考、提供信息、鼓励和肯定五个指标来计分;语言示范通过交流沟通、开放性问题、重复和扩展、自我对话和平行对话、高级语言五个指标来计分。其中,每个计分指标都是观察时的一个目标行为。将目标行为分为低(在课堂中出现频率低,1—2分)、中(在课堂中出现频率中等,3—5分)、高(在课堂中出现频率高,6—7分)三种水平。关于评估方法,可进行课堂现场观察或课堂录像观察。其中现场观察需进行4个观察单元,每个单元30分钟(20分钟观察,10分钟记录),录像观察需进行6个观察单元,每个单元20分钟,在录像完成后进行记录。关于评分标准,观察每个目标行为的出现及频率,采用李克特七点量表进行评分。如反馈质量维度,通过教师是否及时表扬作答的学生、是否安慰鼓励出错的学生、是否根据学生的发言内容继续提问来判断。每个指标有各自的评分标准,将各指标得分的均值作为该维度的分数,再将四个维度的分数相加作为教学支持的分数。

二、课堂组织

1. 课堂组织概念

课堂组织是教师对学生课堂行为、课堂时间及学生注意力进行管理的行为方式。研究显示,课堂中教师使用更多有效的行为管理策略(Arnold et al., 1998),更多有组织性的日常管理结构(Cameron et al., 2005),以及更多让学生积极参与课堂活动的有效策略(Bowman et al., 1994),学生的学习效率更高。教学组织是课堂教学的中心环节,它的意义在于稳定正常的教学秩序,保证课堂活动的顺利进行,培养学生的组织纪律观念,磨炼学生刻苦学习的意志,将课堂组织定义为教师通过协调课堂内的各种教学因素,组织学生集中注意力,管理纪律,引导学习,建立和谐的教学目标。

课堂纪律是教师为了保障或促进学生的学习而为他们设置的行为标准和施加的控制。根据形成的途径可以分为:教师促成的纪律、集体促成的纪律、自我促成的纪律和任务促成的纪律。"没有规矩,不成方圆",上好每一节课的有力保证是课堂教学的有组织性,课堂纪律显得尤为重要,与学生的学习效果息息相关。不同课程的课堂纪律不尽相同,例如,艺术门类的课堂组织需要更多自由发挥想象的空间,理综门类的课堂组织需要更多的思考空间,文史门类的课堂组织需要更多探讨的空间。有效的课堂纪律是"活"而不"乱",是恬静与活跃、热烈与深沉、宽松与严格的有机统一,可以培养学生的自我调节能力。

总之,教师与学生的互动对于教师对学生在课堂上的行为,时间和注意力的组织和管理过程具有重要价值(Emmer et al.,2001)。使用有效的组织管理策略能够让学生积极参加课堂活动(Bowman et al.,1994),减少学生的对抗行为,提高学习水平。同时,在良好的学习环境中,学生更愿意投入精力去学习。

2. 课堂组织对学生发展的影响

(1)学生学业行为

学生学业行为一直是教师和家长共同关注的问题。课堂是传授知识的殿堂,提高教学质量的关键在于课堂的组织,它是教学活动实施的重要途径。研究表明,教师的课堂组织能力会对学生的学业成就产生重要影响。在整个教育阶段,混乱的课堂环境会对学生的学前准备和学习效果产生不利影响(Cothran et al.,2009;Seidman,2005)。我国学者研究发现,将"问答式"课堂组织模式应用于认知教育中,将问与答的交流形式贯穿于课堂全过程,设置课堂环节,采用下行、上行、平行三种问答方式,辅以合理的课件,营造良好的氛围,能够很好地调动学生积极性,克服传统教学模式以讲授为主,以提问为辅,难以实时掌握学习效果的不足。石晓媛等人(2013)随机抽取六个自然教学班,以三个班为实验班,另三个班为对照班,从教学模式改革入手,采用2+1+1课堂组织形式,以教师课堂授课和自主学习强化学生的英语听力训练,考查在两个学期的教学计划后,学生的听力成绩是否提高。结果显示,实验班和对照班成绩都有显著提高,并且实验班成绩显著高于对照班,这说明适合学生英语学习的课堂组织形式和好的语言环境对于提高学生的听力成绩确实具有很好的效果。另外,Anderson等(2004)的研究显示,竞争、有秩序、规则清晰、教师领导、凝聚力这五个课堂环境的关键因素与学生的课堂参与、学习投入和完成学习任务三类动机性行为显著相关。

教师在课堂中采用良好的组织方式能够较快地启动学生进行思考,使学生与教师保持最大程度的思路同步,达到深度互动的效果,同时还能够增强学员在课堂上的责任感、参与意识,克服传统的学生被动听讲导致的心猿意马等课堂非学业活动,使教师的角色从知识讲授者变为课堂活动的参与者、方向的引导者、进度的控制者。有效的课堂教学在教学过程中起着至关重要的作用,有效的课堂教学不仅能提高课堂效率,还有利于培养学生良好的行为习惯,促进学生学业成就的提高。

(2)学生社会行为发展

Fraser(2001)指出,学生从入小学到大学毕业大约要在课堂中度过20000小时,由此可见课堂对于个体的全面发展会产生重大影响。课堂是学生进行学习活动的主要场所,课堂环境包含物理环境、社会环境和心理环境,课堂教学过程是各种物理、社会和心理因素的总和,对学生的社会行为发展产生巨大影响。

国外学者在课堂组织对于学生社会行为发展影响方面的研究较多。Ryan等人(1998)的研究发现,如果教师在课堂上提供较多情感与学习支持,那么学生将会有更多"寻求帮助"的行为,会对学生的社会适应能力有很大的帮助。Patrick等人(2007)通过研究发现,学生对于课堂环境的良好感知有助于促进其学习动机,学生更愿意参与课堂活动中,比较容易维持融洽的同学间的人际关系。教师进行良好的课堂组织能够形成和谐的课堂环境,提高学生的学习满意度,进而提高学生的人际交往技能,促进学生求助与利他行为等社会技能的发展。

研究者在关于小学生和中学生对于教师所采取的课堂管理方式态度的调查中发现,学生似乎更偏爱交流、积极暗示、有意义地赞美等基于师生关系的课堂策略的使用,对惩罚、谴责、侵犯性的行为等强制性策略较为反感,前者可以更好地促进学生的学术和非学术行为的发展(Lewis,2001;Lewis et al.,2008;Lewis et al.,2005;Romi et al.,2009;Romi et al.,2011)。在课堂管理方面,学者们广泛认为采取强制性的管理策略对良好师生关系的维持和发展都是有害的,并且不利于创造一个宁静舒适的学习环境(Gable et al.,2009;Little et al.,2008;Roache et al.,2011)。相反,一个富有情感,充满关怀的师生关系对于学生的学习满意度,学习参与度和学业成就(Roorda et al.2011;Roache,2009)以及教师的总体幸福感(Spilt et al.,2011)都具有重要的促进作用。一系列研究表明,教师使用强制性课堂管理策略会增加学生的迷茫感、不良行为,容易对教师和家庭作业产生消极感觉,还会降低学生与学校和同龄人进行社会联系的意识(Roache et al.,2011;Wentzel,2002)。

3.课堂组织评估

(1)课堂评估等级系统(CLASS)

课堂评估等级系统(CLASS)中,课堂组织评估系统包括行为管理、产出性、教学学习安排三个维度,每一维度兼顾了课堂管理的不同方面。其中行为管理的观测点是教师提出清晰的行为期望、有效防止和纠正不当行为的能力;产出性的观测点是教师如何组织教学活动、完成常规任务、提供各种活动让学生有机会参与学习;教学学习安排的观测点是教师提高学生学习兴趣、鼓励学生持续地参与活动的能力。

课堂组织的三个维度评估计分如下:行为管理维度通过教师清晰的行为期望、教师的前瞻性、教师纠正错误行为、学生行为四个指标来计分;产出性维度通过学生学习时间最大化、学生行为常规、教师对学生学习的过渡、教师准备四个指标来计分;教学学习安排维度通过教师有效地促进学生的学习、多样化的活动形式和材料、关注学生学习兴趣、学习目标的澄清四个指标来计分。对于其评估方法,由于课堂评估等级系统评估环境是教师与儿童在真实教学情境下的互动行为,所以选择现场观察和录像观察两种形式进行。两种观察形式均采用时间抽样,即选取某一时间段作为观察对象,对每个观察对象进行观察分析和记录。现场观察法和录像观察法所需观察对象数略有不同,其中现场观察法需要四个观察对象,每个观察对象30分钟(20分钟进行观察,10分钟进行记录),录像观察法需要六个观察对象,每个对象20分钟,在录像完成后进行记录。每个观察对象依托课堂评估等级的行为检查单进行评分,采用李克特七点量表的计分标准。

(2)"有效课堂"评估表

何雪梅(2015)根据学生学情方面(学生学习接受知识的能力、学习目标等)、课程内容方面(教学材料是否多样、难度如何等)和教学课堂方面(教师讲课是否有吸引力、学与教是否有机统一等)三个层面编制有效课堂评估表。评估表包括12项评估指标(教师上课的组织教学贯穿课堂始终,能及时并正确处理突发事件;应用多媒体、网络等现代教育技术进行辅助教学,教学目标达成,教学效果好,等等),评估结果分为三个等级,即:√、√、×,达到评估指标要求为√,没达到评估指标要求为×,处于两者之间则为√。根据评估指标分为四个评估等级:教师达到评估指标十条及以上者则为优秀,达到评估指标八到九条者则为良好,达到评估指标六到七条者则为合格,五条以下者则为不合格。

(3)教师课堂教学质量评估指标体系

刘艳彬等(2010)通过学生访谈,以学生的视角了解"教学优良"或"有效教学"教师应该具备的条件,再结合国内外相关文献的教学指标编制了教师课堂教学质量评估指标体系。该量表含有9个一级指标:教学态度、教学方法、教学互动、教学热忱、教学效果、课堂组织、教学关怀、教学素养、教学内容;48个二级指标。较为丰富地概括了教师教学活动的各个方面,能够系统全面地反映教师课堂教学的真实水平。其中一级指标包含对课堂组织的评估,权重为0.12。二级指标为:能清楚地表达每堂课的中心内容(0.15),简明扼要,逻辑严密地阐明课程内容(0.18),每一堂课能讲明目的性(0.15),课堂上让同学们有思考的空间(0.18),能调动学生的积极性,课堂气氛生动活泼(0.16),课堂组织严谨,用语精练(0.17)。

三、情感支持

1. 情感支持内涵

情感支持概念最早是由 Vosburg(1972)提出,用于表达医生与家人对病人的情感支持。他将情感支持定义为"在疾病治疗过程中,病人得到来自医务工作人员及亲人和朋友情感上的支持和鼓励,如表达关心、爱与支持"。直到20世纪90年代后期,一些西方学者开始将情感支持引入儿童教育领域,主要研究家庭情感支持在帮助儿童建立良好社会认知中的作用(Mcelroy et al.,1986),后来逐渐关注教师情感支持对青少年问题行为的矫正以及社交能力的培养(胥兴春 等,2014)。

关于教师情感支持不同学者提出了不同的定义。贾娟(2012)认为,教师情感支持是教师对学生表达积极的关注、理解并帮助学生解决学业情绪和成长困惑等问题;Sawka(2002)在加强教师情感支持对行为问题学生影响的研究中,将教师情感支持定义为:教师能够通过积极的关注,并联合家长帮助学生学会有效地管理其情绪和行为的技能。Rachel 等人(2010)在家长和教师对青少年情感支持的研究中,把教师情感支持定义为教师在教育教学过程中,通过言语和非言语的行为所表现出来的对学生的关怀、理解、尊重等,并且编制了相对应的教师情感支持问卷。胥兴春等人(2014)认为,情感支持是指个体对被支持对象表示爱、关怀、同情、了解和信任,当作是社会支持的重要组成部分。事实上,教师情感支持是指教师在教学活动中对学生表达关注、理解、尊重与支持,包含三个维度,即课堂氛围、教师敏感性和关注学生。课堂氛围是指课堂中师生和学生互动过程中表现出来的情感交融、尊重和快乐。教师敏感性是指教师对学生学业促进和情感培养方面的意识和责任。关注学生是指师生互动和课堂活动强调学生兴趣、动机和观点的程度。

2. 教师情感支持对学生发展的影响

(1) 学生行为

学校适应是教育学和心理学关注的一个重要问题,通常从学校态度、学业成绩、社会行为和人际适应等方面进行评估。相关研究发现,教师的情感支持对学生的学校适应问题产生重要影响。Demaray(2002)和 Malecki (2003)研究表明,教师消极的情感支持能够预测学生的学校适应不良问题。刘万伦等人(2005)研究发现,中小学生学校适应性与师生关系之间存在显著正相关,师生关系是影响学生学校适应性的重要因素,其影响程度从大到小依次为:亲密性、主动性、合作性。在此基础上,O'Connor 等人(2011)在师生关系和小学生行为问题关系的研究中发现,高质量的师生关系能够预测低水平的外化行为问题,并且高质量的师生关系作为保护性因素,能够防止早期童年时期的内化行为问题的继续发展。因此,通过改善师生关系来预防学生不良行为问题的发生。

关于教师情感支持与学业成就的研究在国外较多。Demaray 和 Malecki (2002)研究表明,教师情感支持对学生社会技能和学术能力有预测作用,课堂氛围以及学生感知到他们是被教师关心、公平对待等,这些情感支持和学生的学校成果显著相关。有研究发现,师生关系和学生的学业成果呈正相关,当学生和教师之间的关系亲密且有较少的冲突时,学生能取得较好的学业成就 (Hughes et al.,2007)。Hamre 等人(2001)对 179 名儿童从幼儿园到八年级进行追踪研究发现,早期的师生关系会对入学之后的学校成果产生影响,在早期教育环境中,鼓励儿童与人进行交流能促进儿童在社会和学业领域建立更加积极的发展轨道。另外,有关风险儿童与情感支持的关系研究发现,情感支持对风险儿童的学业成就及师生关系均有显著影响。将风险儿童放在教学和情感支持较高的班级中,风险儿童取得学业进步,并且师生关系同低风险儿童一样;反之,将风险儿童放在教学和情感支持较低的班级中,风险儿童没有取得学业进步,并且师生关系产生问题,风险儿童和教师之间易产生更多的冲突(Pianta et al.,2008)。岳泉汐等人(2014)研究发现,当学生感知到来自教师的情感支持后与没有感知到教师的情感支持前相比,其学业成绩得到了显著提升。学生的学业表现与师生关系特点有显著的联系,学业表现好的学生有更积极的师生关系。

(2) 学生人格

教师对学生的积极关心,一方面可以有效提高学生的学业能力,另一方面也可以促进学生个性和品质等方面的发展。Howes 等人(2008)在课堂情感支持与利他行为的相关研究中发现,教师良好的情感支持有助于促进儿童社会能力的发展。课堂情感支持能够促进儿童的利他行为。也有学者研究气质、课堂情感支持和学业成就之间的关系,其中气质通过注意力和活动水平来测量,学业成就通过阅读和数学成绩来测量。结果发现,气质和课堂情感支持均影响学业成就,并且课堂情感支持在气质和学业成就之间起中介作用。

有研究发现在班级中,与教师交流较少的学生表现出服从、顺从的行为倾向,教师给予儿童的关注在母亲的抑郁水平和儿童的行为问题之间起到调节作用(Rachel et al.,2010)。Hughes 等人(2007)认为,亲密型的师生关系有助于儿童主动探索环境,与他人进行良好社会互动,形成积极情绪。范兴华和林丹华(2007)研究发现,农村初中师生关系和学生人格特征之间存在一定的相关性,师生关系为和谐型的学生中,学生外向稳定型、内向稳定型的人数比例占70.0%;师生关系为困扰型的学生中,学生外向不稳定型与内向不稳定型的人数比例高达85.8%。

当学生愿意和教师之间建立友好关系并且愿意在课堂中学习的前提条件是,他们需要感觉到自己是被理解和认可的(Wentzel,2004)。Lambert 等(2002)研究发现教师的情感支持对小学生的学习兴趣、学业自我效能感均有积极的预测作用。贾娟(2012)探讨教师情感支持、学生自尊和学业自我效能感之间的关系时发现,教师情感支持能够影响学生的自尊,进而对学业自我效能感产生积极影响。张丽华等人(2009)发现师生关系、同伴关系与自尊存在显著正相关,并认为和谐的师生关系会使学生更多地参与学习活动中去,获得教师更多的赞扬和鼓励,促使学生对自我价值的肯定,因而学生的自尊也得到提升。以上研究发现,教师情感支持对学生的学习动机、自尊、学习兴趣、学业自我效能感均有一定影响作用。另外,李彩娜等人(2005)研究发现,师生关系会影响青少年的心理健康水平,亲密型师生关系中的青少年心理健康水平最高,一般型次之,冲突型则最差。

3. 教师情感支持的评估

(1)师生关系

Pianta(1991)根据依恋理论以及师生关系的相关文献编制了《师生关系量表》,该量表包含16个项目,适用于学龄前儿童和小学儿童,由教师进行评价。后来,该量表被修订为23个项目,分为亲密性、冲突性、支持性、满意度四大维度,由学生进行评价。张晓等人(2008)对 Pianta 师生关系量表在中国文化背景中进行了修订,包含亲密性、冲突性和依赖性三大维度,共 27 个项目。通过教师评价法,采用五点量表计分。此外,王耘等人(2001)编制了师生关系量表。该量表适用于三到六年级的小学生,共包含 28 个项目,分为亲密性、冲突性和反应性三大维度。采用教师报告法,由班主任根据与学生的实际关系情况对照量表所描述的情况,在五点量表上逐一作答,根据符合程度,从"完全不符合"到"完全符合"依次记 1—5 分。各维度分数越高,则表示亲密性程度越高、冲突性程度越高以及对教师的反应性越积极。

(2) 学生感知到的教师情感支持

Rachel 等人(2010)把教师情感支持定义为教师在教学过程中对学生表达关心、理解、倾听、尊重和鼓励等情感支持行为,从而编制了《教师情感支持问卷》。该问卷分为关心、理解和支持三大维度,学生需要回答如下问题:"老师关心我正在做什么""我在意老师大多时候怎么看我""大多数老师都喜欢我"等。问卷由学生进行评价,采用李克特五点量表计分,根据符合程度,从"完全不同意"到"完全同意",依次记 1—5 分。胥兴春等人(2014)在中国文化背景下对此问卷进行了修订,最终保留了 24 个项目,分为关心关注学生(7 道题)、理解学生(5 道题)、鼓励学生(5 道题)、尊重学生(4 道题)和信任学生(3 道题)五大维度。通过学生评价法,采用五点量表计分,根据符合程度,从"完全不符合"到"完全符合"依次记 1—5 分。

(3) 教师行为

① 课堂评估等级系统(CLASS)。

课堂评估等级系统(CLASS)从教师行为角度出发,将情感支持评估系统划分为积极氛围、消极氛围、教师敏感性和关注学生看法等四大维度。积极氛围反映师生互动过程中教师所表现出来的对学生的尊重、喜爱与情感交流;消极氛围反映师生互动过程中教师对学生所表现出来的消极情感,如惩罚、否定、不尊重等;教师敏感性反映教师能够意识到学生在学习、情感等方面的需求并及时给予正确的回应;关注学生看法则代表教师与学生互动时是否重视学生兴趣和爱好。

情感支持评估模块的计分方法如下:积极氛围通过师生关系、与学生的积极情感、与学生积极交流和对学生尊重四个指标来计分;消极氛围通过消极情感、惩罚性控制、不尊重和否定学生四个指标来计分;教师敏感性通过教师对学生需求的意识、回应、问题解决和学生自如表现四个指标来计分;关注学生看法通过教师灵活性、自主支持、活动限制和学生观点表达四个指标来计分。关于评估方法,由于课堂评估等级系统(CLASS)选择教师与学生在教学情境下的互动行为,可采用现场观察或录像观察两种方法进行。两种观察方法都进行时间抽样,选取一段时间作为观察单元,在每个观察单元中分别进行观察和记录。其中现场观察需进行4个观察单元,每个单元30分钟(20分钟观察,10分钟记录),录像观察需进行6个观察单元,每个单元20分钟,在录像完成后进行记录。关于评分标准,每个观察单元需在课堂等级评估系统(CLASS)的观察单元上进行评分,计分标准采用李克特七点量表。如教师敏感性维度,通过教师能否意识到学生学习及情感需求、是否给予回应(如点头、微笑等给予肯定)来判断。如果教师未能意识到儿童的学习及情感需求则记为低分(1—2分),教师意识到学生情感需求但未给予或未能及时给予回应记为中等(3—5分),如果教师意识到学生的需求并能及时给予回应则记为高分(6—7分)。每个指标有各自的评分标准,然后将四个指标得分的均值作为教师敏感性的分数,将四个维度的分数相加作为情感支持的分数。

② 教师关怀行为调查量表。

雷浩(2014)提出了一种教师关怀行为的分析框架,并将教师关怀行为定义为:一种要求教师投入充足的时间来支持学生学业和身心发展的特殊职业行为,同时要求教师在情感上理解、接纳和包容学生。教师关怀行为分析框架从教师行为角度出发,理论上包含尽责性、支持性、包容性三个因素。教师对学生关怀行为的尽责性是指教师对待教学工作认真负责,并且对学生起到良好的榜样作用。教师对学生关怀行为的支持性是指教师投入更多的时间与学生进行交流互动,了解并关注学生的需求,及时给予学生无私的帮助。教师对学生关怀行为的包容性,指在教学工作中教师以学生为中心,通过对学生的了解达到在认知和情感上宽容学生的一切。在此基础上,雷浩(2014)编制了《教师关怀行为调查量表》,该量表包括26个项目,分为尽责性、支持性和包容性三大维度。该量表采用李克特五点记分,要求被调查教师判断每个项目所描述的事实与其自身实际情况的相符程度,"非常不符合"记1分,"比较不符合"记2分,"一半符合"记3分,"比较符合"记4分,"非常符合"记5分。被试在量表上的得分越高,说明教师关怀行为水平越高。

③ 弗兰德互动分析系统。

明尼苏达大学研究者Flanders在20世纪60年代提出一种课堂行为分析技术——弗兰德互动分析系统(时丽莉,2004)。Flanders(1963)认为课堂中师生之间的互动行为,语言行为占到了80%,因此主要对课堂中师生的语言互动行为进行观察和分析。Flanders互动分析系统包括观察指标体系和等级记录体系两部分。观察指标包括教师的语言行为(间接影响学生:接受学生的感情、鼓励、表扬和接受学生的提问;直接影响学生:讲授、指令、批评学生),学生的语言行为(学生对教师讲话做出反应、向教师提出建议等),其他语言行为(课堂中的沉默或混乱现象)。等级记录体系:每隔3秒钟对课堂中的师生互动行为进行取样,并对每个师生互动行为进行编码,赋予其一定的号码,进行观察记录。例如,观察到接受学生的感情,赋予等级一;鼓励学生,赋予等级二;等等。

第五章 卓越教师行为实证研究

卓越教师行为既包含教学行为也包括育人行为,其行为特征主要表现在教学支持、课堂组织和情感支持三个维度上。那么,如何科学地考察和评估卓越教师行为的具体表现及其对学生发展的影响机制,是目前教育教学实践中的一个重要现实问题。本章基于卓越教师行为评估理论,针对以往卓越教师行为评估研究存在的不足,结合我国基础教育教师教育评价现状和实际特点,提出了基础教育卓越教师行为评估理论模型。在此基础上,采用访谈、专家评价、现场观察以及结构方程模型等方法和手段,从教学支持、课堂组织和情感支持三个维度开发卓越教师行为的评估指标,构建中小学卓越教师行为评估工具,通过数据分析检验上述评估工具的可靠性和有效性,从而为中小学卓越教师行为评估提供理论依据和技术支持。

第一节 卓越教师行为评估研究

进入21世纪,卓越教师行为评估研究不断得到完善和发展,研究者在教师教学支持、课堂组织和情感支持等研究领域提出了相应的理论和测量模型,许多同类研究也为这些模型提供了数据支持。从探索卓越教师行为效应的研究取向来看,目前研究已从早期的学业成就因素转向个体发展因素。卓越教师行为评估无论从其行为本身、行为结果,还是对学生人格培养和心理健康的研究成果,都对学生个人发展以及现代学校管理起到了重要的促进作用,卓越教师行为评估研究因此也越来越受到人们的关注。

一、卓越教师行为评价质量

1. 教师教学支持评估局限

传统的学校教育及管理模式往往将重点放在教学质量评价和学生成绩

上，人们所关注的是如何保证和提高教学质量，以及如何提高学生成绩，但学生除学习成绩以外的其他方面却较少受到关注。教学支持是一个动态和有机的过程，也是学生与教师之间相互平衡的过程。Pianta等人（2009）将教学支持分为概念发展、反馈质量、语言示范三个方面，这三个方面的教学支持不仅关乎教学质量和学生成绩，更能直接反映卓越教师行为的有效性及其对学生发展的促进作用。因此，如何客观评估教学支持，是提高卓越教师行为评估质量的重要基础。

2. 教师课堂组织评估局限

传统教师课堂组织能力的评估大多建立在教学质量评估基础之上。目前，课堂评估正在从传统的"以教评教"转变为"以学评教"，观察学生在课堂上的学习情绪、学习行为、学习效果的同时，对照教师的教学行为，考查教师对教学内容的理解、把握，评价教师的课堂设计、组织能力和教学基本功。综合分析学生的学习行为和教师的教学行为，有助于判断课堂教学是否激发、调动了学生的学习积极性。李志等人（2006）指出，课堂组织是影响课堂教学质量评估指标结构的一个因素，可以通过"教学安排的合理程度""课堂气氛的活跃程度"进行测量。另外，课堂评估等级系统（CLASS）具有较为完善的理论结构和测量方法，能对教师的课堂组织能力进行准确测量。但此种评估方法只关注了教师行为而忽略了学生对于教师行为的反应与评价，评估角度较为单一，结果可能产生偏差。同时，采取录像的方法，操作起来容易受到无关因素的干扰，造成评价结果分析误差。"有效课堂评估表"和教师课堂教学质量评估指标体系将学生的学业情况和学生认为卓越教师需具备的条件纳入对教师课堂组织能力的评估当中，具有创新意义。但两者评价内容较多，因此相关因素可能会对教师课堂组织能力评估产生较大影响，造成评价结果的不准确性。总而言之，未来对于教师课堂组织能力的评估研究应该结合中国教师和课堂教学模式的实际情况，开发出适用于中国教师且内容更加具有针对性的评估系统。

3. 教师情感支持评估局限

教师情感支持的评估方法主要以心理测量为主。师生关系量表和学生感知到的教师情感支持问卷分别从不同角度对教师情感支持进行了量化。一方面，师生关系量表大多数是由国外研究者构建，并由国内学者修订而成，评价方法上主要采用教师评价法，同时，在研究过程中还存在社会赞许效应（张晓 等，2008）。另一方面，师生关系量表年龄界限模糊不清，但儿童在学前和小学时期处于快速发展阶段，与成人的交往方式也发生变化。因此，师生关系的内在结构也在发生变化。而学生感知到的教师情感支持问卷则采用学生评价法,虽能很好地测量学生在情感方面需要获得的支持(Howes et al.,2008),但更适用于初中及以上的学生,学龄前和小学儿童可能会因不能理解题目而无法作答。另外,基于教师行为角度的课堂评估等级系统(CLASS),在美国学前教育中得到了验证,然而该系统是否真正适用于我国的教师行为评估,还有待将来的研究进一步验证。

二、卓越教师行为评估研究新进展

1. 探索教师教学支持的多维模式

基于应试教育而建立起来的教学环境,教师只能在教学活动中简单地重复书本知识(刘振宇,2011),在课堂中进行填鸭式教学,学生只能机械地进行学习,成为做题机器。客观来讲,这样的课堂环境很难体现教学支持,或者说只能达到低水平的教学支持。前文叙述中提到,高效教学支持有利于预防学业失败,促进学业成就,完善学生人格,那么,如何实现高效的教学支持? 首先,教师需要在教学中提高教学观念。教学观念起到一个指导性作用,提醒教师需要培养什么样的学生,需要采用什么样的教学行为,需要如何对学生进行概念输送,如何与学生进行课堂互动,进行有效反馈,以及如何在课堂中使用语言这一首要工具对学生进行指导。其次,教师需要提高自身的知识水平(孟凡玉 等,2015),在教学活动中需要站在比学生更高的角度上来帮助学生形成他们自己的思维模式,创造性地解决问题。再次,教师需要以学生为本,站在学生的角度看问题。学生的发展水平各不相同,不同年龄具有不同的思维特征和行为表现,若是一律以相同的教学行为对待学生,那么必定会使学生产生适应不良,影响教学效果。最后,掌握课堂言语技巧,例如,在课堂中,提问是必不可少的一环,但是提问并不是漫无目的地询问,而是在提问中促使学生自己进行分析、概括、综合等思维活动。教师的课堂语言可以引起学生的主动探究、主动思考,从而在这个过程中形成独立思考和解决问题的意识,使思维能力得到发展。

2. 丰富教师课堂组织的研究内容

课堂环境指学生对课堂物理环境、社会环境与心理氛围的感知,介于教师行为与学习效果之间,是决定学习效果、影响学生认知与情感发展的重要潜在因素(Dorman,2012;赵庆红 等,2012)。一项关于10岁儿童数学学业成绩的研究发现,认为处于数学课堂充满关爱、富有挑战性和以掌握知识为导向氛围下的孩子具有更高水平的数学自我效能感(Fast et al.,2010)。国外研究发现学生会根据其对学习环境的感知(例如,学习任务或学习负荷,教学方式,评估方法和学习目标)来调整自己的学习方法(Biggs, 1987; Lublin, 2003)。国内也有研究者指出,在一个学习目标明确、同学之间关系融洽、学习努力程度较高的课堂环境中,学生的双语学习成果会得到很大地改善和提高,课堂环境通过直接效应和中介效应共同影响双语学习成果(刘丽艳 等,2012;夏可欣,2022)。因此,从学生感知的视角构建有效课堂环境是提高课堂教学质量的重要路径,而且通过探讨课堂环境与学生学习过程的关系,能够分析课堂环境感知对学生课堂参与、动机性行为、注意分配、学习方法选取等的影响(赵庆红 等,2012)。从研究内容来看,目前的研究大都集中在课堂环境对学生学业表现的影响上,而课堂活动对学生社会性行为发展的研究却很罕见。有研究表明,学生在认知和情感方面的学习成果,与他们的课堂环境感知显著相关(Dorman, 2001;赵庆红 等,2012)。也有学者指出,大学课堂氛围会对学术拖延产生直接影响,良好的课堂氛围可以提高学生的学习动机,进而降低学术拖延行为。因此,将来的研究可以更多关注课堂组织对学生社会认知和行为的影响和发展。

3. 拓宽教师情感支持的理论体系

亲子关系对儿童的性格有显著影响。心理学家西蒙兹在研究中发现,被父母接受的孩子会表现出社会所需要的行为,如情绪稳定、富有同情心等;被父母拒绝的孩子则表现出冷漠、情绪不稳定和逆反心理等。之后,心理学家鲍德温研究父母养育态度对儿童人格关系的影响,得出了与上述结论较为一致的结果。我国研究者也得出了类似的结论。但是,关于师生关系与学生人格之间关系的研究在国内外却相对较少。作为教学活动的引导者,教师的作用不仅仅是传授知识,更重要的是培养学生的健全人格,促进学生的全面发展。因此,探究师生关系与学生人格之间的关系具有重要的理论与实践意义。另外,从研究范围来看,以往研究大多集中在教师情感支持对正常儿童的影响,但是问题行为儿童也应受到广泛关注,他们实际上更需要教师的情感支持,需要教师付出更多的关心和关注。大多数研究都是以中小学生作为研究对象,关注中小学教师对儿童的情感关爱,然而针对大学生这一群体的相关研究相对较少。因此,将来的研究有必要丰富和完善卓越教师情感支持的理论体系。

三、卓越教师行为的影响机制

1. 构建教师教学支持的社会支持系统

单纯依靠教师群体很难形成高效的教学支持,学校的管理机构和行政人员应该为高效教学支持服务。第一,为教师的创造性教学提供服务。创造性教学顾名思义,是用创造性的形式表达与组织教学(唐松林,2001),其特点在于结合了游戏、科学与计算机等多个学科,符合学生的心理特征,有利于学生发挥自主意识和创造性思维。第二,科学选拔教师队伍。教师的特殊身份要求教师这一群体传播知识和培养人才,这种教育教学活动主要发生在课堂教学过程中(申继亮 等,1994)。所以,要提高教学支持质量,教师群体的素质非常关键。学校需要在这个过程中严格把关,科学考查,为学生选择合适的教师。教学支持虽是学生与教师两个群体之间的关系,但家长群体的作用也不容忽视。第一,家长需要信任教师,相信教师的专业能力,在平时的教学活动中配合教师。第二,家长需要相信自己的孩子,高效教学支持带来的影响并不是一时就可以体现出来,学生学习能力不相同,掌握与理解知识的水平高低有别,所以,家长需要用长远的眼光来看待这种差别。

2. 揭示教师课堂组织与学生行为的交互影响

教师的课堂组织行为是课堂活动顺利开展的关键,课堂环境对于学生学业成就的诸多方面都会产生重要影响。研究表明,善于对教学活动进行组织的教师可以使学生在课堂上更专注于学业活动,减少不良行为和非学业活动(Anderson et al.,1980;Arlin,1979;Bennacer,2000)。因此,提高教师的课堂组织能力,营造良好的课堂环境,对于促进学生的全面发展至关重要。教学是教师教和学生学的辩证统一过程,教师是课堂教学的设计组织者,学生是学习的主体。大部分的学习活动都发生在课堂上,教师要在课堂上对学生的学习活动、课堂行为等给予关注,并且采取恰当的管理方式,以提高学生的学业成就水平,促进其社会行为的发展。所以,为了最大程度地发挥课堂的作用,推动学生的全面发展,未来研究应该致力于提高教师的课堂组织能力,将教师课堂组织能力的培养纳入教师职业生涯发展当中,这无论对教师个人的发展还是对学生教育与课堂管理都具有重要的意义。

3. 探索教师情感支持与学生行为发展的多元关系

回顾以往教师情感支持方面的研究,大多重视情感支持的直接效应。而教师情感支持对学生行为、人格的影响可能存在其他中介因素,这些深层次的影响原因更加值得进一步探讨。如邹泓等人(2007)研究了小学生师生关系与学校适应的关系,其中师生关系分为亲密型、一般型、冲突型三种,学校适应通过学校态度、学业行为和亲社会行为三个指标来测量。结果发现,亲密型师生关系的学生的学校适应显著好于一般型和冲突型师生关系的学生，师生关系对学校态度、学业行为和亲社会行为均有显著的预测作用；并且学校态度在师生关系和学业行为、社会行为之间起部分中介作用。这说明良好的师生关系使得学生对学校形成积极的态度，学生喜欢学校，便会产生学习兴趣；良好的师生关系还会通过使学生形成积极的学校态度，来减少学生的退缩行为。

四、卓越教师行为评价的理论基础

课堂是教与学的时空场所，是师生对话与交流的社会舞台。在学校教育中，卓越教师的课堂组织对于课堂教学起着十分重要的作用。有效的课堂组织可以将学生与教师紧密地联系起来，使课堂发挥最大的作用。课堂组织能力是一种综合能力，需要教师灵活、恰当地运用各种教学技巧，它事关教学质量的高低和教学效果的好坏（张青民，2015）。善于课堂组织的教师，会依托课堂这一特殊环境，根据不同类型的学生心理特征，有针对性地巧用各种教学形式，对所授内容做出最优化的安排，形成师生积极互动的教学情境。因此，理解和分析教师的课堂组织特征及其对学生发展的影响机制，是教师教育教学的一个重要的现实问题。

作为教师必须具备的一种人格特征和职业技能，教师情感支持对学生发展具有重要影响。在学校教育中，教师对学生的发展起到了不可忽视的作用。学生期望得到教师的理解、尊重和鼓励，当学生愿意和教师建立良好的师生关系并且愿意在课堂中学习时，他们需要感觉到自己是被理解和认可的。特别是对处于青春期的学生来说，尤其渴望得到教师和家长的情感支持和理解。因此，教师情感支持逐渐进入了教育教学研究的视野。教师情感支持对学生的学业成就有显著影响，教师的鼓励、赞扬可以增加学生的自我效能感、增强学习动机，并且教师情感支持能够提高学生学业成绩，改善师生关系。此外，教师情感支持对学生的环境适应也有着不可忽视的作用，教师情感支持能预测学生的学校适应，亲密的师生关系能够解决学生的环境适应不良问题。因此，如何理解与分析教师情感支持的心理特征及其对学生发展的影响机制，不仅是现代教师教育研究的前沿课题，也是目前学校教师管理亟待解决的一个重大现实问题。

第二节 卓越教师行为评估实证研究

一、研究目的和意义

针对目前卓越教师行为评价研究存在的不足,结合国内外教师教育评价的研究现状和我国教师教育教学的实际特点,本书提出了以教学支持、课堂组织和情感支持为结构的中小学卓越教师行为评估理论模型。在此基础上,构建了中小学卓越教师行为评估工具,不仅为中小学卓越教师评估提供科学的依据,而且为教师教育评价提供可靠的效度指标。

二、研究过程

1. 访谈

本书针对卓越教师的行为特征先后对46名中小学优秀教师、中小学校长以及教育行政主管部门领导进行了访谈,剔除出现频次较低的条目,经归纳、编码后,具体问题及访谈结果如图5-1、图5-2、图5-3、图5-4所示。这些访谈对象主要分布于北京、浙江、广东、上海、重庆、山东、湖北、陕西、甘肃、宁夏。其中,优秀教师占55.15%,校长占41.26%,教育行政部门人员占3.59%;女性占61.21%,男性占38.79%;平均年龄为42.37岁,平均工作年限为16.32年。

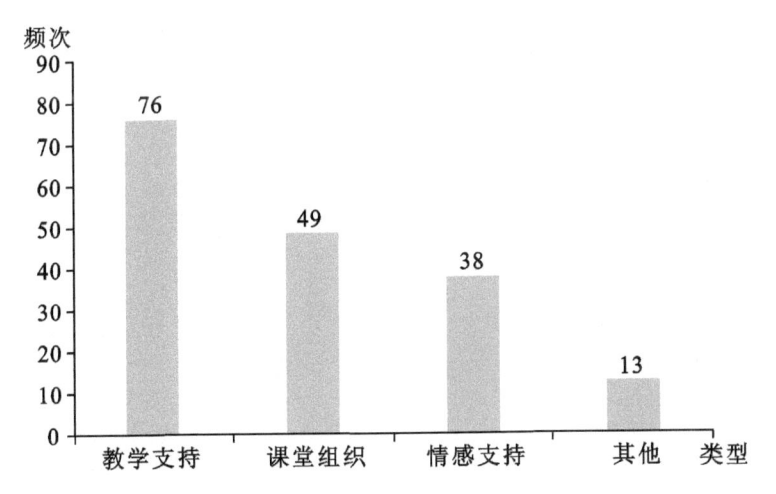

图5-1 您认为,卓越教师的关键行为特征是什么?(请列举出4—5个关键类型)

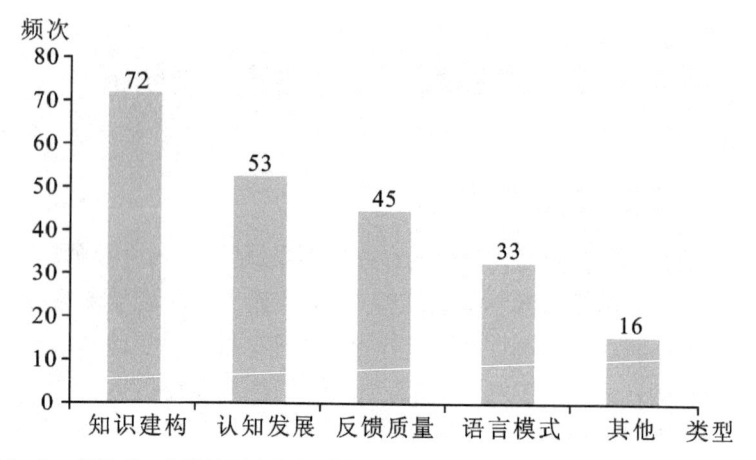

图 5-2　您认为,卓越教师应如何进行教学支持？（请列举出 4—5 个关键行为）

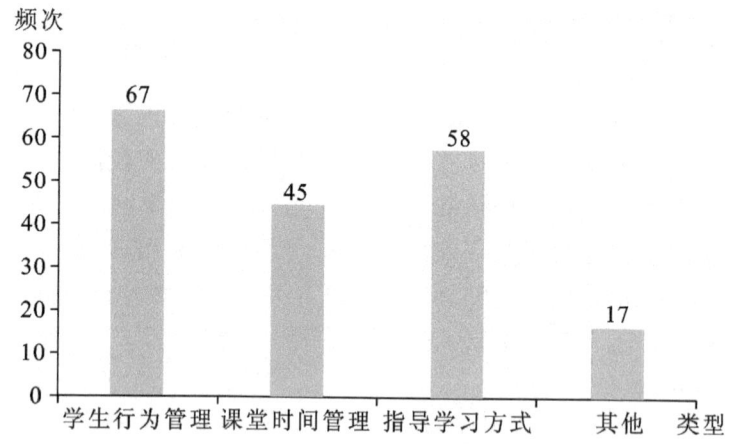

知识建构 72　认知发展 53　反馈质量 45　语言模式 33　其他 16

图 5-3　您认为,卓越教师应如何进行课堂组织？（请列举出 4—5 个关键行为）

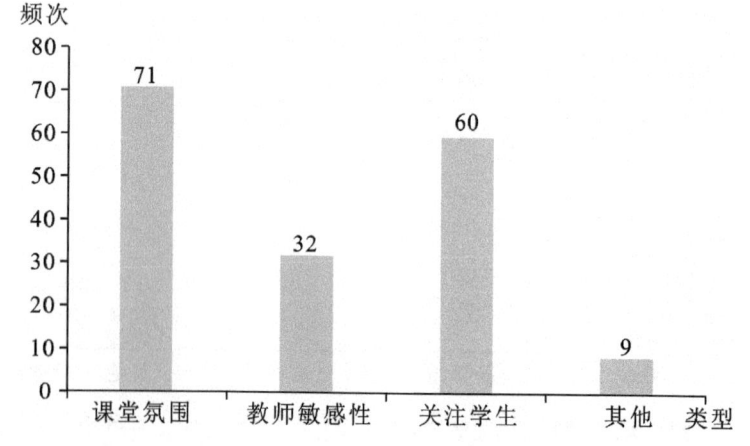

学生行为管理 67　课堂时间管理 45　指导学习方式 58　其他 17

图 5-4　您认为,卓越教师应如何进行情感支持？（请列举出 4—5 个关键行为）

课堂氛围 71　教师敏感性 32　关注学生 60　其他 9

2. 半开放式问卷调查

本书针对卓越教师的行为特征先后对 144 名中小学基层一线教师进行了半开放式问卷调查,剔除出现频次较低的条目,经归纳、编码后,具体问题及调

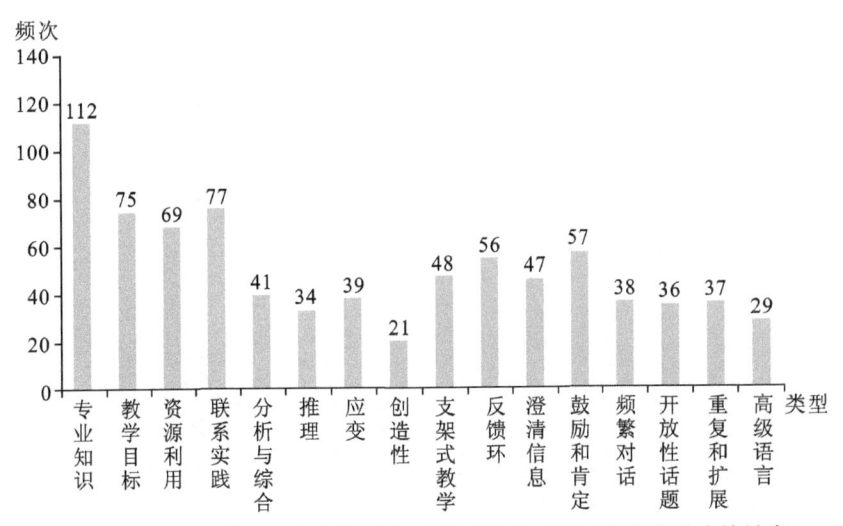

图 5-5　您认为,作为一名卓越教师,应该采取何种策略提高教学支持效率?
（请列举 4—5 个具体策略）

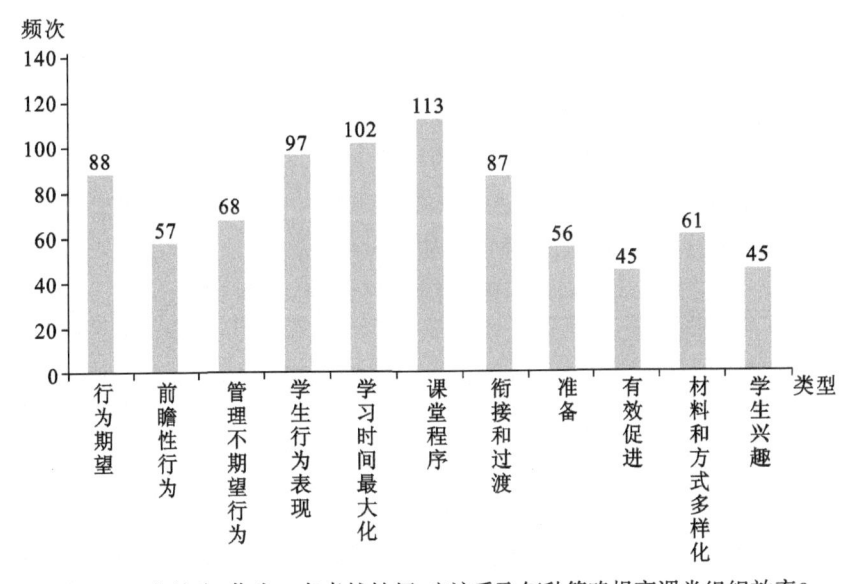

频次数据：专业知识 112；教学目标 75；资源利用 69；联系实践 77；分析与综合 41；推理 34；应变 39；创造性 21；支架式教学 48；反馈环 56；澄清信息 47；鼓励和肯定 57；频繁对话 38；开放性话题 36；重复和扩展 37；高级语言 29

图 5-6　您认为,作为一名卓越教师,应该采取何种策略提高课堂组织效率?
（请列举 4—5 个具体策略）

频次数据：行为期望 88；前瞻性行为 57；管理不期望行为 68；学生行为表现 97；学习时间最大化 102；课堂程序 113；衔接和过渡 87；准备 56；有效促进 45；材料和方式多样化 61；学生兴趣 45

查结果如图5-5、图5-6、图5-7所示。调查对象主要分布于杭州、西安、聊城、天水、临夏、延安和乌鲁木齐。其中,优秀教师占23.61%,普通教师占76.39%;女性占57.5%,男性占42.5%;平均年龄为38.61岁,平均工作年限为13.41年。

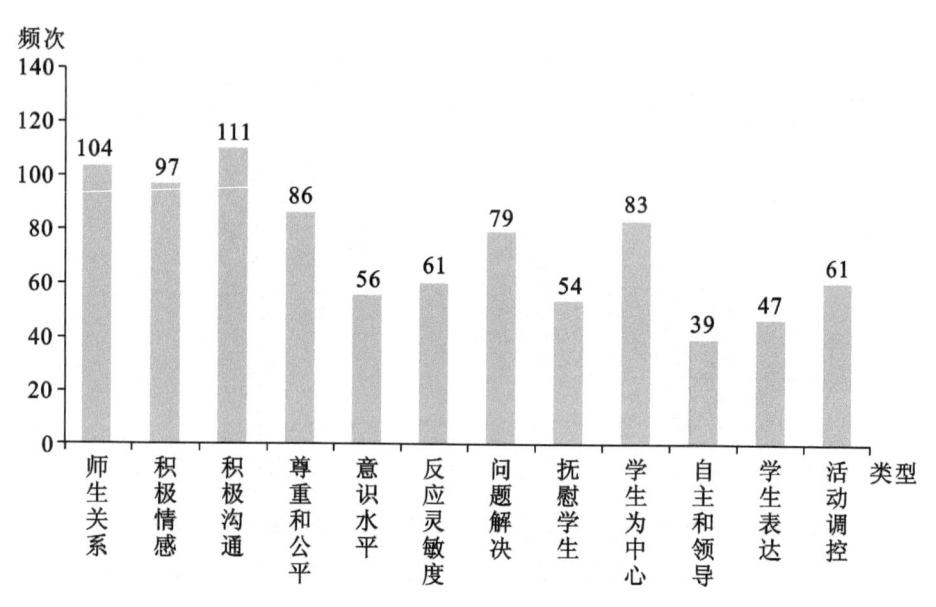

图5-7 您认为,作为一名卓越教师,应该采取何种策略提高情感支持效率?
(请列举出4—5个具体策略)

3. 初始工具构成

在上述访谈和半开放式问卷调查的基础上,以本书提出的中小学卓越教师行为评估理论模型为导向,根据文献分析和已有相关评价工具,初步形成了中小学卓越教师行为评估工具,具体内容如表5-1所示。

表5-1 中小学卓越教师行为评估工具(初始版本)

一级指标	二级指标	操作性定义	关键行为指标	观察结果
教学支持	知识建构	教师通过教学促进学生掌握知识的行为方式	1. 专业知识 2. 教学目标 3. 资源利用 4. 联系实践	

续表

一级指标	二级指标	操作性定义	关键行为指标	观察结果
教学支持	认知发展	教师通过教学讨论和活动如何更好地促进学生高级思维发展的行为方式	5. 分析与综合	
			6. 推理	
			7. 应变	
			8. 创造性	
	反馈质量	教师通过对学生想法和行动的反映及评价来拓展学生学习的行为方式	9. 支架式教学	
			10. 反馈环	
			11. 澄清信息	
			12. 鼓励和肯定	
	语言模式	教师鼓励和帮助学生语言发展的行为方式	13. 频繁对话	
			14. 开放性话题	
			15. 重复和扩展	
			16. 高级语言	
课堂组织	学生行为管理	教师如何有效地监控、阻止和重新指导学生行为	17. 行为期望	
			18. 前瞻性行为	
			19. 管理不期望行为	
			20. 学生行为表现	
	课堂时间管理	能有效地进行课堂、班级以及助教和助学人员管理	21. 学习时间最大化	
			22. 课堂程序	
			23. 衔接和过渡	
			24. 准备	
	指导学习方式	教师如何促进活动和提供有兴趣的材料,保证学生的参与度和学习机会最大化	25. 有效促进	
			26. 材料和方式多样化	
			27. 学生兴趣	

续表

一级指标	二级指标	操作性定义	关键行为指标	观察结果
情感支持	课堂氛围	课堂中师生和学生互动过程中表现出来的情感交融、尊重和快乐	28. 师生关系	
			29. 积极情感	
			30. 积极沟通	
			31. 尊重和公平	
	教师敏感性	教师对学生学业和情感方面的意识和责任	32. 意识水平	
			33. 反应灵敏度	
			34. 问题解决	
			35. 抚慰学生	
	关注学生	师生互动和课堂活动强调学生兴趣、动机和观点的程度	36. 学生为中心	
			37. 自主和领导	
			38. 学生表达	
			39. 活动调控	

三、研究程序

1. 德尔菲问卷调查

在上述研究基础上，针对中小学卓越教师行为评估工具（初始版本）的内容对 153 名中小学优秀教师、中小学校长和教育科研人员进行专家调查。共获得了 126 份有效数据，其中，中小学优秀教师占 91.67%，中小学校长占 5.65%，教育科研人员占 2.68%；平均工作年限为 16.75 年。要求上述专家对评估工具的内容从"0——根本不重要"到"4——非常重要"五点量表上进行重要性评价。经过三轮调查，删除"应变""创造性""频繁对话""开放性话题""重复和扩展""高级语言""衔接和过渡""准备""有效促进"和"反应灵敏度"等 10 个行为指标后，形成 29 个行为指标。

2. 现场观察

采用中小学卓越教师行为评估工具（29 个行为指标），对西安地区 8 所中小学校 309 名不同学科教师的教育教学行为进行了课堂观察研究，每位教师的课堂观察由 2 名课题组成员共同观察 25 分钟，然后根据中小学卓越教师行为评估工具进行评价,最终得到有效数据 276 份。现场观察的样本全部来自西安地区:陕西师范大学附属中学、西安市第七十一中学、曲江一中、远东一中、大雁塔小学、大兴小学、金泰假日花城小学、锦园小学。现场观察对象中,女性教师占 70.79%,男性教师占 29.21%,平均年龄为 33.53 岁,平均工作年限为 12.08 年。

四、中小学卓越教师行为评估工具的结果与分析

1. 信度检验

为了检验中小学卓越教师行为评估工具的信度,采用了内部一致性信度(Cronbach's α 系数,简称 α 系数)、重测信度和分半信度,其因素的划分以验证性因素分析结构和维度为准。为了计算测评工具的重测信度系数,课题组从前测的 276 位有效数据中选择了 67 名教师进行了后测,计算评估工具的重测信度系数。表 5-2 的结果表明,除一阶因子中 f6、f7 的 α 系数未达到 0.70 外,其余一阶因子、二阶因子和总量表的 α 系数和重测信度系数都较好;另外,所有因子的分半信度系数均在 0.610 以上,表明该评估工具的信度较好。

表 5-2 我中小学卓越教师行为评估工具的信度系数

信度系数	一阶因子								二阶因子			总量表
	f1	f2	f3	f4	f5	f6	f7	f8	F1	F2	F3	
α 系数	0.84	0.79	0.88	0.81	0.82	0.67	0.69	0.74	0.84	0.82	0.86	0.82
重测信度系数	0.81	0.84	0.81	0.80	0.79	0.81	0.78	0.88	0.84	0.88	0.86	0.84
分半信度系数	0.71	0.75	0.78	0.78	0.75	0.61	0.62	0.71	0.65	0.69	0.73	0.74

2. 效度检验

(1) 内容效度

针对中小学卓越教师行为评估工具(29 个行为指标)的内容对 156 名高校教师、中小学优秀教师、中小学校长和教育科研人员进行专家调查。要求上述专家对评估工具的内容从"0——根本不重要"到"4——非常重要"五点量表上进行重要性评价。156 名专家对 29 个行为指标构成的评估工具内容评价的一致性较高,$W = 0.89, n = 156, \chi^2 = 1054.7, df = 28, p < 0.001$,表明评估工具具有较高的内容效度。

(2) 结构效度

针对上述 29 个行为指标的 276 份现场观察数据,进行验证性因素分析,结

果表明,三维模型拟合比较好(图5-8),拟合指数如下:$\chi^2 = 721.4$,$df = 365$,

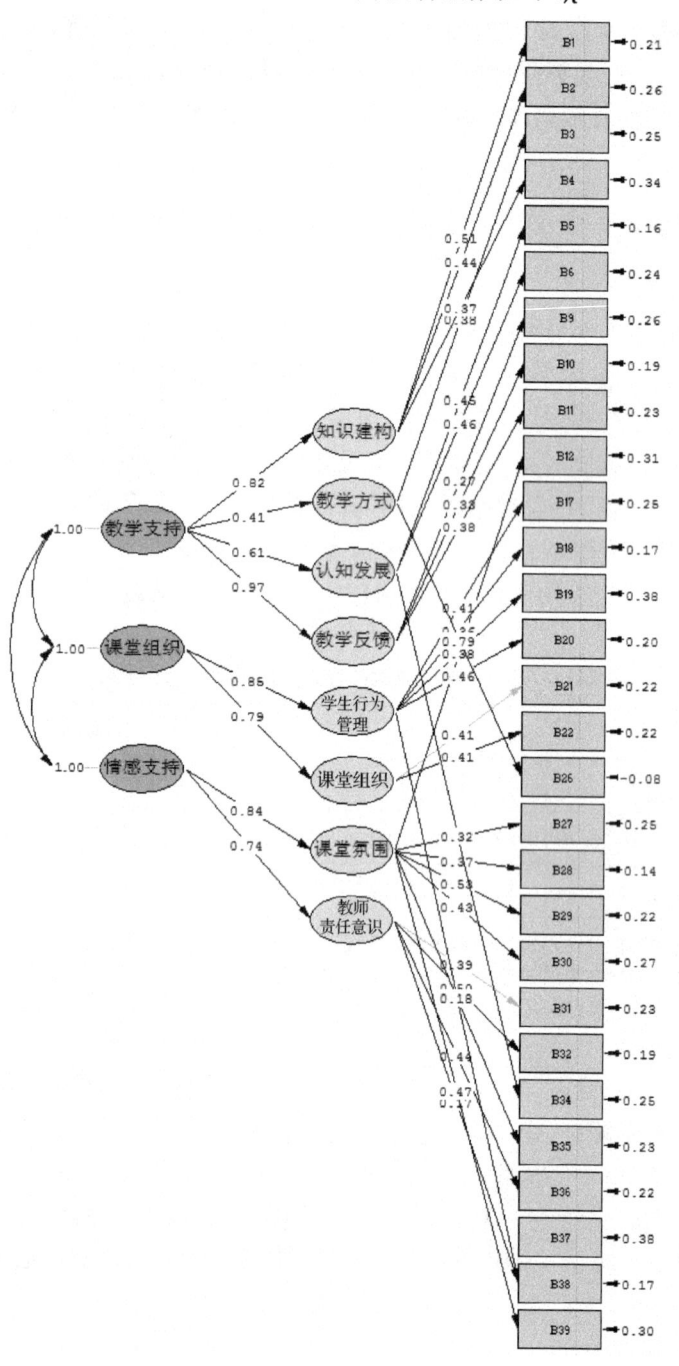

图5-8 中小学卓越教师行为评估模型

RMSEA = 0.071, NFI = 0.90, NNFI = 0.91, PNFI = 0.90, CFI = 0.91, AGFI = 0.71。在高阶因子分析中,共提取出教学支持、课堂组织和情感支持 3 个一级指标和 8 个二级指标,该结构模型解释总变异的 69.254%。29 个评估项目构成的测验具有良好的信度,内部一致性信度系数达到了 0.896。

表 5-3 中小学卓越教师行为评估内容及要求

维度	领域	基本要求
教学支持	(一)知识建构	1. 专业知识 2. 教学目标 3. 联系实践
	(二)认知发展	4. 分析与综合 5. 推理 6. 问题解决
	(三)教学方式	7. 资源利用 8. 材料和方式多样化
	(四)教学反馈	9. 支架式教学 10. 反馈环 11. 澄清信息
课堂组织	(五)学生行为管理	12. 行为期望 13. 前瞻性行为 14. 管理不期望行为 15. 学生行为表现 16. 学生表达
	(六)课堂组织	17. 学习时间最大化 18. 课堂程序管理

续表

维度	领域	基本要求
情感支持	（七）课堂氛围	19. 鼓励和肯定 20. 学生兴趣 21. 师生关系 22. 积极情感 23. 有效沟通 24. 自主和领导 25. 活动调控
	（八）教师责任意识	26. 尊重和公平 27. 意识水平 28. 安慰学生 29. 学生为中心

(3) 实证效度

尽管上述分析提供了一些有关中小学卓越教师行为测验构想效度的证据，但上述证据还不足以说明测验的三个维度与实际教育教学能力具有较强的相关性。因此，必须采用其他一些证据来证实中小学卓越教师行为测验的准确性和有效性。采用中小学卓越教师行为测验，对陕西师范大学、西安石油大学、陕西师范大学附属中学、西安市第七十一中学、曲江一中、远东一中、大雁塔小学的138名教师进行了测试，并且经学校许可，获得了这138名教师在2014年度学校教师业绩综合考核中的数据资料。学校年度综合业绩考核包括"优秀""良好""合格"三个等级。采用方差分析来探索不同评估等级教师在卓越教师行为评估测验分数上的差异，结果如表5-4所示。

表5-4　不同评估等级教师在卓越教师行为评估测验分数的方差分析结果($n=138$)

测验分数	优秀($n=36$) M	优秀($n=36$) SD	良好($n=44$) M	良好($n=44$) SD	合格($n=58$) M	合格($n=58$) SD	F	p
教学支持	28.20	3.25	26.19	2.93	25.12	3.28	7.92	0.033
课堂组织	18.78	2.97	16.01	2.49	14.92	3.47	9.85	0.000
情感支持	31.79	3.84	29.05	3.10	27.95	3.06	21.56	0.000
总量表	78.77	9.90	71.25	8.92	67.99	8.88	14.16	0.009

LSD 检验表明:在教学支持方面,年度业绩考核为"合格"的教师与"优秀""良好"等级的教师出现显著性差异,而"优秀"与"合格"等级的教师之间没有差异;在课堂组织方面,年度业绩考核为"合格"的教师与"优秀""良好"等级的教师出现显著性差异,"优秀"与"合格"等级的教师之间也出现显著差异;在情感支持方面,年度业绩考核为"合格"的教师与"优秀""良好"等级的教师出现显著性差异,"优秀"与"合格"等级的教师之间也出现显著差异;在总量表得分方面,年度业绩考核为"合格"的教师与"优秀""良好"等级的教师出现显著性差异,而"优秀"与"合格"等级的教师之间没有差异。说明中小学卓越教师行为评估工具具有较好的区分效度和实证效度。

五、卓越教师行为结构的理论与实践意义

1. 卓越教师教学支持行为对有效教学的意义

研究结果表明,卓越教师教学支持维度包括知识建构、认知发展、教学方式和教学反馈四个部分,知识建构包括专业知识、教学目标、联系实践三个行为要素;认知发展包括分析与综合、推理、问题解决三个行为要素;教学方式包括资源利用、材料和方式多样化两个行为要素;教学反馈包括支架式教学、反馈环节、澄清信息三个行为要素。这一研究结果表明卓越教师的教学支持行为主要通过对学生知识建构、促进认知发展、灵活多样的教学方式以及针对性的教学反馈来实现,对于学生学习和教学过程具有重要的意义。

学生作为教学活动的主体性,对教师个人知识的需求具有广泛性和动态性,赋予教师个体以创造精神(罗超,2014)。因此,承认学生、理解学生、尊重学生的理想和兴趣,将学生作为教学中的主体十分重要。学生的外在行为举止是对其内在个性心理和思维的映射,所以,教学工作已不是对学生本体性知识的敷衍,而是根据他们平时的理解与反馈,采取针对性的教育教学策略。卓越教师需要通过观察学生的外在行为举止,分析出他们的个性心理与思维,从而总结和充实自己的教师教学知识。

卓越教师的教学方式呈现多样化的特点,丰富教学最有效的方法是提问。因此,教师需要掌握有效的提问方法,通过"显性"和"隐性"相互融合的提问方式驱动学生的思维,不愤不启、不悱不发,采用"变式练习"确保学科双基的训练不是"机械练习"(韩龙淑,2008)。而且,吴长刚等人(2008)还发现多样化教学与学生的注意力呈正相关,课堂活动和教学材料的多样化能够促进学生课堂行为变得更加规范。

有效的教师反馈是实现新课堂的关键所在。在课堂教学中充分运用有效的教师反馈是课堂教学顺利进行的关键环节，是教师教育智慧的核心表现。然而，卓越教师反馈虽无规范，却有实践标准，教学实践成为检验卓越教师反馈的唯一标准。在此基础上，赵风波等人（2008）提出了卓越教师反馈的情境原则、情感原则和启发原则。情境原则是卓越教师反馈在形式上注重多元性，内容上强调适宜性，时间上遵循及时性，空间上突出起伏性。也就是说，卓越教师是从知识与技能，过程与方法，态度、情感与价值观，等多维度给予反馈。情感原则就是指教师在课堂教学时，从学生特定的实际出发，动之以情，拨动学生心弦，激发学生情感，达到导之以行的目的。"有的放矢，切中学生的思想症结和情感盲点，深入浅出，虚实相映"，充分凸显教师反馈的力量，如"春雨润物"般促使师生在课堂生态环境中得到情感培养。启发原则的实质是卓越教师反馈是一种"教师善于挖掘学生闪光点和兴奋点，善于激发学生学习的内部引导机制"，其目的就在于形成课堂健康的集体舆论导向，营造师生共同成长的课堂氛围。

2. 卓越教师课堂管理对于有效教学行为的意义

本研究结果表明，卓越教师课堂管理维度包括学生行为管理和课堂组织两个部分，学生行为管理包括行为期望、前瞻性行为、管理不期望行为、学生行为表现、学生表达五个行为要素；课堂组织包括学习时间最大化、课堂程序管理两个行为要素。

预防性课堂管理是让学生提前了解规章制度以防止问题出现的预防性管理。预防性管理包含两大要素：一是建立规章制度规范学生行为；二是教师的行为和能力（朱镜人，2003）。因此，卓越教师需要时常提醒学生牢记课堂行为准则，从而使教师期望内化为学生行为；还需要了解课堂上的一切情况，在合适的时间提醒学生规范言行，明白其所承担的学习责任；也需要具备压缩课堂教学活动的转换时间和调控课堂气氛的能力，时刻调动学生学习的积极性。此外，对于存在问题行为的学生，卓越教师应当做到奖惩得当，通过表扬和鼓励来强化其亲社会行为，并及时惩罚其错误行为。

3. 卓越教师情感支持的理论意义与实践价值

本研究结果表明，卓越教师情感支持维度包括课堂氛围和教师责任意识两个部分，课堂氛围包括鼓励和肯定、学生兴趣、师生关系、积极情感、有效沟通、自主和领导、活动调控七个行为要素；教师责任意识包括尊重和公平、意识水平、安慰学生、学生为中心四个行为要素。这一研究结果表明，卓越教师的情感支持主要是通过调节课堂氛围和教师自身的责任意识反映在教育教学活动中的,从而影响和提升学生的学习热情、情感交流和认知学习,具有重要的理论意义和实践价值。

首先,教师与学生是一对在课堂上协同互动的主体,教师与学生、学生与学生之间保持良性互动,共同维持和谐的课堂氛围是有效教学的基础和前提(杨雪,2011)。因此,卓越教师与学生要在彼此尊重的基础上多沟通,为共同打造民主式课堂,教师应当让学生感受到自己最真挚的情感,促进学生发挥主观能动性,积极参与课堂活动,培养学生的自主创新和实践能力。研究发现,教学活动能否达到目标,取决于学生参与课堂的态度与程度(杨雪,2011)。因此,卓越教师要时刻贯彻以学生为本的教育思想,在丰富课堂内容的同时调动学生的学习积极性,让学生做到积极参与、热爱参与教学的每一个环节,才能真正做到有效教学。

其次,新教材的内容一直在随着课程改革而不断发生变化,许多新教材开始重视在教学工作中开展学习活动,以调动学生课堂学习的积极性。卓越教师可以组织学生开展小组合作、角色扮演等活动让课堂知识在实践中得到检验。正如苏联教育家苏霍姆林斯基所说,"学生只有带着高涨的、激励的情绪从事学习和思考,在学习中意识和感觉到自己的智慧和力量,才能体验到创造的欢乐和成功的喜悦"。所以,卓越教师需要不断更新教育观念,既要在课堂中做传授科学知识和学习方法的教育者,也要做与学生共同创造良好课堂活动氛围的互动者,激发学生的学习兴趣,让学生学会参与、能够参与、愿意参与和谐高效的课堂活动中去。

最后,教师通过观察学生的外在行为举止来分析其个性心理与思维,学生同样能通过教师的面部表情、手势声调或肢体动作来洞察教师背后隐藏的情感。因此,卓越教师要能做到通过在课堂活动中表达自己的情感,展现自己作为教师的人格魅力,去感染学生,并做出相应的反应。热情是教师情感的一个重要方面,它是指教师在课堂活动中的活力、能力、投入、兴奋和兴趣(吴长刚等,2008)。适度的热情涉及语调的抑扬变化、手势、目光接触和运动的巧妙平衡(余熙素,2009),这些行为语言组合在一起就会向学生释放一个代表着活力、投入和兴趣的信号。合理安排时间以及把这些富有激情的行为语言组合成一个稳定的模式,是卓越教师与学生进行有效沟通的必备能力。

第六章　卓越教师心理和行为对学生发展的作用

教师是教育的第一资源，是教育教学的主导者，是学生发展的引导者，是建设高质量教育体系、实施高质量教育的根本力量，肩负着落实立德树人根本任务的重要责任。正如法国作家罗曼·罗兰曾经说，"要播洒阳光到别人心中，总得自己心中有阳光"。因此，大多数教育理论家们认为，教师行为不仅是教师作为人必须体验到职业内在价值的基本需要，也是高质量教育过程和促成学生成长成才的前提保障。

卓越教师行为直接影响到教育教学过程。在教育教学过程中，课堂教学是核心，而教师是课堂教学的主要设计者。教学实践表明，卓越教师职业心理健康在促使学生知识的增长、智慧的发展、思想的提高和心理的成熟等方面有着重要的作用。同时，卓越教师行为有助于教师准确领会和把握课程标准，以学生发展需要为出发点，合理组织教学内容、选择教学方法，创设主体性课堂教学模式。在教学过程中，卓越教师不仅关注学生基础知识和基本技能的获得，而且关注学生的学习兴趣和经验，让学生在和谐的课堂氛围中学会学习，形成正确的价值观，从而创造性地实现教学目标。基于此，本章通过实证研究探讨卓越教师心理和行为在学生发展过程中的作用。

第一节　卓越教师职业心理健康与学生发展的关系

卓越教师的职业心理健康通过教育教学过程影响学生的心理和行为发展。心理健康的教师，用那份对生活、对教育的热爱润物细无声式地感染朝夕相处的学生，让学生在教育中感受到真正的快乐，使学生更加热爱学习，促成其健康成长，帮助学生形成健全人格，助推学生的全面发展。

一、卓越教师职业心理健康与学生心理发展的关系

1. 学生心理健康

个体的身心发展会受到遗传和环境交互作用的影响(王旭 等,2022)。心理健康是指个体或群体在社会活动中身心与社会环境达成一致的状态(姚本先,2008)。在学生阶段,尤其是中学阶段,中学生的身体生理机能快速发育并趋近成熟,如果其心理机能发展尚未成熟,就会导致身心发展处于一种不平衡状态(林崇德,2008)。而且,我国正处于社会发展变革的转型期,外界环境变化较快,导致中学生身心发展极易受到影响,继而产生各种心理困惑或心理问题。因此,探讨个体身体机能水平变化和环境变化两大因素与心理健康的关系,有助于全面了解我国中学生的心理健康水平。此外,生态系统理论指出(Bronfenbrenner,1994),微观系统是人们直接生活和接触的最内层环境系统,微观系统的稳定性直接影响个体的心理健康水平。对于中学生来说,家庭和学校是最重要的微观系统。

学校是学生接触最多、最重要的环境,在学校中,教师的人格、行为以及心理健康的表现对于学生身心健康成长非常关键。教师的人际关系能力作为教师职业心理健康素质的一个重要方面,通过长期的、潜移默化的作用对学生的发展产生影响(高明书,1999)。因此,重视教师人际关系能力的提高,分析教师人际关系对学生发展产生的各种影响,对于处理好教师人际关系和促进学生心理健康发展十分重要。教育教学活动是一个团队协作的活动,一个班级各科任教师之间如果团结一致、精诚合作,那么这个教师团队在学生心目中会留下极深的印象。教师在教育教学活动中能始终保持乐观、积极、团结向上的心态,他们之间互相配合,互相学习,取长补短,不断学习,不断更新,不断进步,不断创造,在教育教学活动中充分发挥各自的积极性,根据学生的生理、心理和社会性发展特点富有创造性地运用语言,剖析教材,选择教学方法,设计教学环节,创设课堂气氛,并在教学时间上相互照应,各学科在内容上互相渗透,使学生在学习上做到举一反三。教师这种团队协作的积极情感,可以促使学生保持愉快的学习心境,促进师生之间的沟通,从而取得良好的教学效果。

对学生来讲,他们人生观、价值观的形成在很大程度上受教师在人际关系、工作态度、教学风格等方面的榜样作用的影响(姚坤伦,2008)。有些教师虽然没有时刻把扮演道德榜样作为自己角色的一部分,但因为价值观蕴含在教学活动中,学生不可能避免地受到教师人生观和价值观的影响。显然,教

师心理健康,才能有足够的自信,有明确的目的;才能信赖别人,与人为善;才能重视每一个学生;才能一贯认真备课、准时上课,经常对自己的教学进行反思,及时总结经验教训提高自己。这些表现最终会通过教师的表情、态度、言语和行为对学生产生潜移默化的影响,进而影响到学生人生观和价值观的形成。

2. 学生积极情绪

情绪的本质是个体一系列的主观认知体验,它反映了人们对客观事物的态度、体验以及相应的行为反应,主要由三个部分组成,即生理唤醒、主观体验以及外部表现。情绪认知理论认为积极情绪是人们在活动中取得进步或得到他人认可和赏识时产生的心理感受,并在一定程度上是激发个体认真完成某一活动的内在动力(Fredrickson,2001)。到目前为止,虽然积极情绪还没有一个统一的概念,但与积极情绪相关的观点都强调:积极情绪是一种愉悦的感受,是有力量的,具有唤醒功能和感染性,是人类的生命之源。

健康的心理能够使教师在教学过程中保持愉悦的心情,获得力量感,具体表现为教师的教学胜任感、教师的教学效能感、教师教学的幸福感、教师的职业复原力等。在教学过程中,通过积极情绪的传递,教师能感染学生、唤醒学生,培养学生的积极情绪,使学生在课堂上焕发出生命的活力;教师精神饱满地走上讲台,向学生展现自己积极乐观的心态和良好的教学水平,能更好地让学生认可和接受自己的教学方式;教师积极昂扬的教学状态,能够使学生对该教师所教授的学科产生兴趣,增强学生对知识渴求的程度与提升自我的愿望;教师对自身积极情绪的调节与表达,对学生的关心与责任感,能够提高学生的思想道德水准,影响学生人生观、价值观的形成;教师积极回应学生在学校中爱与归属的需求,能够引导学生情绪和身心健康,有利于学生心理健康。

因此,将教师积极情绪的价值置于具体的课堂教学中探讨,不仅能丰富教育理论研究的领域,而且能给学生心理健康发展以启发与思考。薛桂琴等人(2020)指出,在教学实践中,教师要关注自己的情绪,善于管理自己的情绪,让自己在教学过程中保持积极情绪。教师积极情绪的管理将有助于教师教学胜任感的建立、自我效能感的增强、自我复原力的激活以及自我幸福感的产生等,为高效的课堂教学提供源源不断的精神动力,让课堂焕发出生命的活力。在此基础上,储平平(2017)从培养教师积极情绪角度,构建了实现"问题学生"良性转化的新视角,重视高校教师自身积极情绪的建设也有助于化解"问题学生"心理危机。

3. 学生学习动机

莫雷(2002)认为学习动机是一种内在过程或心理状态,能够激发个体朝向一定目标开展新的或维持已有的学习活动。有学习动机的学生通常认为学习是有意义的、快乐的,学习新知识既能满足求知欲,又能体现自我价值,同时还能体验到较强的成就感和愉悦感。钟斌(2019)通过相关研究和路径分析发现,学习动机与主观幸福感在高中阶段具有重要关联,且两者的关联会随着年级的不同而发生改变(周凌云,2012)。此外,学习动机也能作为中介变量,影响教师期望等变量与主观幸福感之间的关系(张华,2014)。

学习动机通常还包括自身对于学习成功可能性的预期(学习自我效能感)以及对于学习任务所蕴含价值的主观判断(学习兴趣)两个部分(梁文艳 等,2020;Lee et al., 2010)。以往研究发现,教师心理健康对学生心理健康的提升作用并不直接,特别是在以学生为中心的教学实践中,由于缺乏对两者联系内在机制的深入探讨,很难得出教师心理健康能够正向预测学生学业成绩的结论(Algan et al., 2013)。事实上,学生学习动机可能是连接教师心理健康与学生学业成绩的中介变量。研究发现,教师之间的合作能够通过"以学生为中心的教学实践→学生学习动机"的链式中介对"学生学业成绩"产生间接影响,充分揭示了学生学习动机对学生心理健康的重要作用(梁文艳 等,2020)。

二、卓越教师职业心理健康与学生行为发展的关系

1. 学生亲社会行为

教书育人是教师的主要职责。也就是说,教师在完成传道授业解惑的同时还会对学生行为发展有着重要意义。教师应有意识地关注自身的心理健康程度,因为教师职业心理健康状态对学生行为发展有重要影响。例如,教师有较高的积极情绪会对学生的发展产生积极影响,而教师的消极情绪会对学生的成长产生消极影响。最近,一项研究对教师的情绪调节能力、工作倦怠和幸福感进行了测量,然后追踪调查了一学期学生的乐观程度、情绪和亲社会行为。经过多水平增长模型分析发现,如果教师更多使用认知重评的情绪调节策略,即改变情绪事件对于个人意义的认知,其学生的情绪痛苦程度有所降低;如果教师更多使用表达抑制的情绪调节策略,即尽可能压抑情绪的表达,其学生对于未来的乐观程度更低,并且有更少的亲社会行为;如果教师有更高的幸福感,则学生的亲社会行为也会增加(Braun, et al., 2020)。在

另一项研究中,研究者对121名教师及其相应的1871名学生进行了研究,该研究将教师职业心理健康程度分成了不同的类别,职业健康状况较差的教师,即感受到较高的职业压力,且没有较好地应对策略的教师,其学生表现出较低的亲社会行为,而那些职业适应良好的教师,其学生则表现出较高的亲社会行为(Herman et al.,2018)。

2. 学生问题行为

学生如果发展不当,可能表现出许多问题行为,包括自伤自杀、社交障碍、冲动、身体攻击、言语攻击、欺骗、违纪等。在这些问题行为产生的原因中,除了生物风险因素、家庭风险因素和社会风险因素之间的交互作用外,教师的职业心理健康也是其中之一。

教师的抑郁与学生的问题行为有着一定的联系。一项对3岁儿童及其教师的研究发现,那些有着较高抑郁程度的教师,其照顾的幼儿更有可能出现外化行为,如冲动、缺乏行为和注意力控制等。其中,教师的抑郁与学生的不良问题行为之间的关系可能存在多种机制,一种在于教师的抑郁导致了教师花在儿童身上的时间减少,对儿童缺乏足够的照顾,没有更多的时间照顾那些表现不良行为的儿童;另一种可能性在于,教师由于抑郁形成的负面模式可能给儿童造成了不良的示范。对于可塑性很强的儿童来说,他们很快就通过观察学习到了这些负面的认知和情绪,由于解决问题的能力不足,表现出较多的问题行为,如冲动,缺乏控制等(Jeon et al.,2014)。

除了抑郁,教师的职业压力也与学生的问题行为有关系。例如,有研究发现,教师如果感到特别大的压力,如职业倦怠,其所教的学生则更有可能表现出反社会和对立的挑衅行为,如欺凌、粗鲁、欺骗或嘲笑其他同学等(Kokkinos,2007)。还有研究发现,如果教师感受到比较高的压力,其学生在课堂上也不会努力学习。并且,教师的不良行为与学生的问题行为有着正相关关系(Geving,2007)。有可能教师的高职业压力进而影响到学生的压力,学生还没有习得如何应对这种压力,进而采用一些不良的行为来应对压力。这个结论是得到研究证实的,有研究发现,如果教师有更高的压力,其所教的学生也能感受到较高的压力水平,并且体现在学生的皮质醇水平升高上(Oberle et al.,2016),该研究充分说明了教师的压力是能传递给学生的。

相反,如果教师具有较高水平的职业心理健康,如有较好的社会情绪能力,即在工作和家庭生活中,学会自知、自信、自我管理和自我尊重,具有一定的人际关系管理技能,理解与包容他人,建立积极、健康、和谐的人际关系,等等,则在师生关系中就能有良好的情感互动,拥有更为良好的师生关系,这种关系又能进一步促进学生表现出更少的问题行为(Pianta et al.,2004),提高学生的社会情绪能力(李明蔚 等,2021)。

3. 学生学业成绩

教师职业心理健康对学生行为发展的影响还可以体现在学生的学业成绩上。德国有一项具有代表性的大型数据研究发现,如果将教师的性别、年龄、教龄等变量控制,数学教师的情绪衰竭与学生的数学成绩显著负相关,同时,班级的组成调节了这个效应,即如果是说少数语言的学生,教师的情绪耗竭与学生的数学成绩有着更强的负相关(Klusmann et al.,2016)。另一项研究也发现了类似的结果,教师的情绪衰竭与学生的学业成绩、标准化测试成绩以及教师对学校的满意度和对教师的支持感之间呈显著负相关(Arens et al.,2016)。在乡村地区的研究发现,乡村教师职业倦怠对学生成绩产生消极影响,乡村数学教师职业倦怠对学生成绩的影响高于语文和英语教师(丁亚东 等,2020)。还有研究发现,教师的抑郁也能负面影响学生的学业成绩(Mclean et al.,2015)。类似的,具有低自我效能感,或者对于自己教学能力有着消极看法的教师,表现出低质量的教学行为,进而导致较低的学生成绩(Skaalvik et al.,2007)。从积极维度来看,教师的社会情绪能力,与学生发展一对一的情感支持关系,既能减少学生的问题行为,也能提高学生的学业成绩(Pianta et al.,2004)。

那么,教师的职业心理健康如何影响学生的成绩的呢?有研究认为,教师的职业心理健康通过影响教师的教学质量,进而影响了学生的学习成绩。那些抑郁的教师,很少对学生进行温暖的回应,也很少进行高质量的教学,并且教学的组织也不够好,进而负面影响了学生的学习成绩(Mclean et al.,2015)。另外,也有研究发现,那些情绪耗竭的教师,通常对学生较少提供情感支持,课堂组织效果较差,进而导致了教学效果不良(Klusmann et al.,2022)。还有研究发现,教师的教学期望、教学热情、课堂讨论、多媒体使用等对学生数学成绩产生显著影响(白胜南 等,2019)。可见,如果教师心理健康出现问题,将会直接影响其在教学中的表现,如不够积极主动、备课不认真、不够热情回应学生等,这些教学质量上的问题会进一步影响学生的学习成绩。

第二节　卓越教师行为在教师职业心理
对学生心理健康发展中的作用

一、研究目的

为了探索教师职业心理健康和卓越教师行为对学生心理健康发展的影响，根据以往研究，提出如下假设：教师职业心理健康对学生的心理健康状况产生直接影响，而且还通过卓越教师行为对学生心理健康产生间接影响。

二、研究方法

1. 研究对象

本研究选取陕西省7所中学64个班级的班主任教师及其所带学生作为研究对象。在教师层面，共发放64份问卷，回收有效问卷64份，问卷有效率为100%，其中男教师28人（43.8%），女教师36人（56.2%）；年龄在24至56周岁之间，平均年龄为38.21岁（SD = 8.21）；在职称方面，初级职称有24人（37.5%），中级职称有33人（51.6%），副高级职称及以上有7人（10.9%）；在学历上，本科学历有53人（82.8%），研究生学历有11人（17.2%）；在婚姻状况上，已婚教师有57人（89.1%），未婚教师有7人（10.9%）；所在学校位于省会城市有36人（56.3%），所在学校位于县城有28人（43.7%）。教师有效问卷的基本人口学信息如表6-1。

表6-1　教师有效问卷的基本人口学信息量表

变量	项目	人数	百分比（%）
性别	男	28	43.8
	女	36	56.2
职称	初级	24	37.5
	中级	33	51.6
	副高级及以上	7	10.9
学历	本科	53	82.8
	研究生	11	17.2

续表

变量	项目	人数	百分比(%)
婚姻状况	是	57	89.1
	否	7	10.9
学校所在地	省会城市	36	56.3
	县城	28	43.7

在学生层面,共发放 2457 份问卷,剔除无效问卷 90 份,最终回收的有效问卷为 2367 份,问卷有效率为 96.3%,对于有效问卷中存在的个别缺失值使用序列平均值补全。其中男生 1089 人(46.0%),女生 1278 人(54.0%);初一年级学生 688 人(29.1%),初二年级学生 425 人(18.0%),高一年级学生 725 人(30.6%),高二年级学生 529 人(22.3%);独生子女 973 人(41.1%),非独生子女 1394 人(58.9%);年龄在 12 至 19 岁,平均值为 15.32 岁(SD = 1.62)。学生有效问卷的基本人口学信息如表 6 – 2。

表 6 – 2　学生有效问卷的基本人口学信息量表

变量	项目	人数	百分比(%)
性别	男	1089	46.0
	女	1278	54.0
年级	初一	688	29.1
	初二	425	18.0
	高一	725	30.6
	高二	529	22.3
是否为独生子女	是	973	41.1
	否	1394	58.9

2. 研究工具

(1)教师职业心理健康

采用陕西师范大学教师职业心理健康研究团队编制的"中小学教师职业心理健康量表"进行测量(游旭群 等,2023)。该量表由教师职业道德、教师职业能力、教师职业情绪和教师职业适应四个维度组成。该量表共有 81 个题项,采用四点计分,每个题从 1 分到 4 分,1—4 分别代表从"完全不符合"到"完全符合",得分越高,表示职业心理健康程度越高。本研究中,该量表的 α 系数是 0.90,表明该问卷的可信度良好。

(2)卓越教师行为评估

采用本书第五章构建的中小学卓越教师行为评估量表。该量表包括教学支持、课堂组织、情感支持三个维度,共 29 道题。量表采用他评方式,每个行为观察指标采用四点计分,1—4 分别代表从"合格"到"行为典范",分数越高,表明卓越教师行为水平越高。本研究中,该量表的内部一致性 α 系数分别为 0.87,表明该量表具有良好的信度。

(3)中学生心理健康量表

采用苏丹(2007)编制的适应取向中学生心理健康量表,该量表包含五个维度:生活幸福、乐于学习、人际和谐、考试镇静、情绪稳定,共 25 个测试项目。每个项目采用 五点计分,从 1"完全不符合"到 5"完全符合",得分越高表明被试的心理健康水平越高。本研究中,学生心理健康量表的内部一致性 α 系数分别为 0.90。

3. 研究程序和数据分析

在研究程序上,针对陕西省 7 所中学,共 64 个班级班主任及其学生进行问卷调查,在学生的课堂自习期间,对教师及其学生进行集体施测。由于涉及的问卷题项相对较多,利用两个自习时间进行调查。

在数据分析上,采用 SPSS 23.0 对各变量进行描述性统计和差异性检验,分析各变量之间的关系。鉴于本研究数据结构的嵌套关系,即学生层面的变量嵌套于教师变量,因此采用 Mplus 软件进行多水平中介分析。

三、研究结果

1. 共同方法偏差检验

采用共同方法偏差检验来探讨本研究是否存在系统误差,根据前人研究方法,本研究使用 Harman 单因素方法进行检验,首先将学生所测的项目进行因子分析,结果表明,每个因子的解释率均小于 40% 的临界值,共同方法变异程度在可接受范围内,这表明本研究的数据可以进一步分析操作,不存在共同方法偏差的影响。

2. 各变量的描述统计和相关关系

首先对教师职业心理健康、卓越教师行为、学生心理健康进行了描述性统计检验。同时,为了探究各变量之间的相关关系,进行了 Pearson 相关分析,结果如表6-3。

表6-3 教师和学生心理变量的描述统计和相关关系

变量	1	2	3
教师职业心理健康	1		
卓越教师行为	0.39**	1	
学生心理健康	0.34**	0.68***	1
M±SD	3.38±0.54	3.12±0.44	4.01±0.29

注：*表示$p<0.05$，**表示$p<0.01$，***表示$p<0.001$。

3. 多水平中介效应分析

考查教师职业心理健康对学生心理健康的影响中，卓越教师行为的中介作用。在此关系模型中，教师职业心理健康和卓越教师行为属于第二层变量，学生的心理健康属于第一层的变量，所以采用多水平中介效应分析检验第二层的教师职业心理健康是否通过第二层中介变量卓越教师行为影响第一层因变量学生心理健康状况。检验结果如下：

第一步：零模型检验

零模型检验是用于计算组内相关系数即ICC，以确认是否有必要继续进行多层级分析，需要执行以下四个方程，具体过程如下：

模型一：

第一层：学生心理健康 $=\beta_{0j}+\gamma_{ij}$

第二层：$\beta_{0j}=\gamma_{00}+u_{0j}$

模型二：

第一层：学生心理健康 $=\beta_{0j}+\gamma_{ij}$

第二层：$\beta_{0j}=\gamma_{00}+u_{0j}$

考虑到教师的心理健康状态和他们展现出的卓越教学行为都直接影响着中学生的心理健康，并且这种影响是通过第二层因素对第一层因素的间接作用实现的。因此，在检验中介效应的第一步中，我们首先将中学生的心理健康设定为结果变量，进行零模型的检验，并据此计算出内相关系数。计算结果显示内相关系数（ICC）为0.123。在第二步，我们将卓越教师行为作为结果变量，再次进行零模型的检验，经运算后，ICC=0.089。一般认为，如果ICC值大于0.059，就表明有必要进行多层次分析（温福星，2009）。因此，该次检验数据说明学生心理健康在不同教师之间存在较大程度的差异，有必要进行后续分析。

第二步：教师职业心理健康对学生心理健康的直接效应 c 检验

在零模型的基础上，将自变量教师职业心理健康的结果添加进第二层方程式中，进行教师职业心理健康对中学生心理健康的直接效应 c 的检验，需要执行下列方程式：

模型三：

第一层：学生心理健康 = $\beta_{0j} + \gamma_{ij}$

第二层：$\beta_{0j} = \gamma_{00} + \gamma_{01}$（教师职业心理健康）$+ u_{0j}$

经过多水平分析表明，教师职业心理健康对学生心理健康的直接效应的路径系数为 $0.214(p<0.01)$。检验结果表明，教师职业心理健康对学生心理健康的确存在显著的影响，可以进一步检验分析。

第三步：教师职业心理健康对卓越教师行为的直接效应 a 检验

教师职业心理健康对学生心理健康的直接效应 a 的检验，需要执行下列方程式：

模型四：

第一层：学生心理健康 = $\beta_{0j} + \gamma_{ij}$

第二层：$\beta_{0j} = \gamma_{00} + \gamma_{01}$（教师职业心理健康）$+ u_{0j}$

经过多水平分析表明，教师职业心理健康对卓越教师行为的直接效应的路径系数为 $0.34(p<0.01)$。检验结果表明，教师职业心理健康对卓越教师行为的确存在显著的影响，并且其中可能存在中介效应，可以进一步检验分析。

第四步：教师职业心理健康和卓越教师行为对学生心理健康的效应 c' 和 b 检验

在直接效应检验模型成立的基础上，将卓越教师行为添加进第二层方程式中，教师职业心理健康和卓越教师行为对学生心理健康的效应 c' 和 b 的检验，需要执行下列方程式：

模型五：

第一层：学生心理健康 = $\beta_{0j} + \gamma_{ij}$

第二层：$\beta_{0j} = \gamma_{00} + \gamma_{01}$（教师职业心理健康）$+ \gamma_{01}$（卓越教师行为）$+ u_{0j}$

$\beta_1 = \gamma_{10}$

经过多水平分析表明，教师职业心理健康对学生心理健康的间接效应的路径系数为 $0.095(p<0.05)$；教师职业心理健康对卓越教师行为的直接效应的路径系数为 $0.34(p<0.01)$；卓越教师行为对学生心理健康的直接效应的路径系数为 $0.28(p<0.01)$。检验结果表明，教师职业心理健康通过中介变量卓越教师行为对因变量学生心理健康的跨层级中介效应成立，且中介效应量为 0.99。

结果如图 6-1 所示。

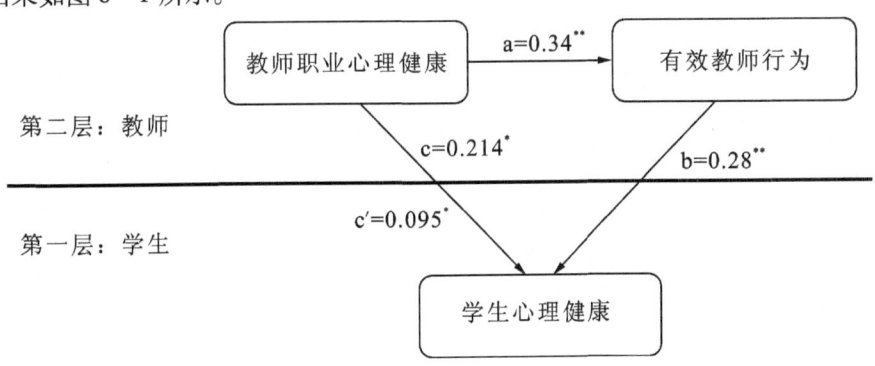

```
第二层：教师    教师职业心理健康  ──a=0.34**──>  有效教师行为
                        ╲         c=0.214*          ╱ b=0.28**
                         ╲                         ╱
─────────────────────────────────────────────────────────────
第一层：学生              c'=0.095*
                              ↓
                         学生心理健康
```

图 6-1 卓越教师行为的中介效应

所以,总的来说,采用多水平中介效应检验的结果显示,教师职业心理健康能显著预测学生心理健康,教师职业心理健康通过卓越教师行为对学生心理健康进而产生影响。

四、讨论与结论

本研究采用多水平模型分析表明,班主任教师的职业心理健康水平确实会影响学生的心理健康。经多水平中介效应分析表明,教师的职业心理健康水平通过卓越教师行为进而提高了学生的心理健康;教师的职业心理健康水平通过影响学生积极情绪进而促进了学生心理健康;教师的职业心理健康通过影响学生学习动机进而提高了学生的学业成绩。该研究结果为理解教师职业心理健康对于学生心理健康发展的影响提供了重要证据。

首先,教师的职业心理健康水平通过卓越教师行为促进进而提高了学生的心理健康水平。教师无疑在学生的成长过程中扮演着关键的角色,他们不仅给学生传授着知识,而且塑造着学生的价值观和人生观。卓越教师可以培养学生的素养,让学生承担社会责任,成为对社会有贡献的公民。卓越教师可以发展学生的素养,让学生承担社会责任,成为对社会有贡献的公民。教师的课堂组织行为是课堂运作的关键部分,课堂环境对于学生学业成就和心理健康都会产生重要影响。研究表明,善于教学活动组织的教师可以使学生在课堂上更关注于学业活动,减少不良行为和非学业活动(Anderson et al.,1980;Arlin,1979;Bennacer,2000)。因此,提高教师的课堂组织能力,营造良好的课堂环境,对于促进学生的心理健康发展至关重要。教学是教师教和学生学的辩证统一过程,教师是课堂教学的设计组织者,学生是学习的主体。大部分的学习活动都发生在课堂中,教师要在课堂上对学生的学习活动和课堂行为给予关注,并且采取恰当的管理方式,以提高学生的学业成就水平,促进其心理健康发展。

其次,由于教师工作的特殊性,决定了其在学校所处人际关系的复杂性。其中师生关系的融洽,对学生之间建立良好的人际关系起着至关重要的作用。师生关系和谐最突出的表现是师生之间了解彼此的权利和义务,互相尊重,愿意沟通。心理健康的教师通过自身的积极情绪感染和促进学生的积极情绪,这些教师在处理师生关系时能做到:传递积极乐观的情绪体验,客观公正地评价每个学生,不以貌取人,不以偏概全;与学生相处时,信任、赞美、欣赏等正面态度多于厌恶、憎恨、歧视等负面态度;对学生以诚相待、关爱有加。这样的师生关系不仅能帮助教师树立自己的威信,而且能指导学生健康地成长,尤其在促进学生的积极情绪方面起到了楷模作用。教师的这种为人处世的优秀品质不是靠说教灌输给学生的,而是身体力行、潜移默化地感染了学生,内化积淀为学生固有的品质,使得学生之间互相学习、互相帮助,形成积极、健康、进取的精神风貌。相反,教师人际关系不好,容易产生孤僻、狭隘、自私、自卑等不健康心理,这样的教师易怒,对学生简单、粗暴,没有爱心,对学生的教育敷衍了事,无视学生的主动性。他们思想狭隘、斤斤计较、胸无大志,遇到困难就退缩,见荣誉就争。面对这样的教师,学生们也会去争名夺利,忘记了做人的坦诚。可见教师良好的积极情绪体验对学生积极情绪和心理健康的形成影响之大。

最后,在学校教育中,教师对学生的发展起到了不可忽视的作用。一个拥有健康心理的教师对学生的学习习惯和学习动机产生重要影响。教师通过课堂教学、课堂管理和情感支持让学生明白学习的重要性和作为学生的核心职责与担当。同时,学生期望得到教师的理解、尊重和鼓励,当学生愿意和教师建立良好的师生关系并且愿意在课堂中学习时,他们需要感觉到自己是被理解和认可的。特别是对处于青春期的学生来说,尤其渴望得到教师和家长的情感支持和理解。以往研究发现,教师情感支持对学生的学业成就有显著影响,教师的鼓励、赞扬可以增加学生的自我效能感、增强学习动机,并且教师情感支持能够提高学生的学业成绩,改善师生关系。邹泓等人(2007)研究发现,亲密型师生关系的学生的学校适应显著好于一般型和冲突型师生关系的学生,师生关系对学校态度、学业行为和亲社会行为均有显著的预测作用;而且学校态度在师生关系和学业行为、社会行为之间起部分中介作用。这说明良好的师生关系使得学生对学校形成积极的态度,学生喜欢学校,便会产生学习兴趣。良好的师生关系还会通过使学生形成积极的学校态度,帮助学生建立正确的价值观念,从而产生良好的心态和健康的心理状况。

第七章 卓越教师行为发展与促进

卓越教师在教学中起着至关重要的作用,他们不仅承担着传授知识的责任,更需要引导和激发学生的学习兴趣和潜能。因此,为了更好地提高教学质量和促进学生成长,提高和促进卓越教师行为发展已成为现代教师教育亟待解决的一个现实问题。基于本书前期研究结论,本章从教师教育的视角,分析能够促进卓越教师教学支持、课堂组织、情感支持的方法和措施,为教师行为培训和教育质量提升提供重要支持。

第一节 卓越教师教学支持行为发展与促进

有效的教学支持是卓越教师行为的前提和基础,是保障教师知识传授效率和促进学生认识发展的必要条件,教师教学支持行为的核心是教学过程中的概念发展、质量反馈、语言示范和创造性教学行为。

一、概念发展

教育要以培养学生高阶思维、解决复杂问题为核心。对儿童学习识字、阅读、写作和算术的研究表明,所涉及的推理、判断和积极心理建构才是学习的重要组成部分,虽然认知技能在学校很少被明确教授,但是有证据表明在教师强调高阶思维教学的班级中,学生学业轨迹越高认知技能越高,且与四至八年级的分数增长有关(Zohar et al.,2001),因此学生可能会受益于提高认知技能的学校教育。概念发展关注的就是教师促进学生高级思维能力和认知能力发展的支持性行为。一些课堂评估等级系统(CLASS)的数据也表明,在概念发展得分较高的班级中,教师能有意识地创造开放性的问题引起学生的深入思考和分析推理;在概念发展得分较低的班级中,教师和学生是基于事实的教和学,往往是死记硬背,这不利于学生主动思考。教师可以采用以下方式推动学生高水平思维活动。

1. 整合新旧知识,创设情境迁移知识

学生的认知能力不是教师思维教学的障碍,相反,教师应该成为学生认知过程的中介者,在评估学生的认知水平后,设计与当前程度相匹配且略高于当前程度的学习内容,有助于学生激活旧知识,并将新信息与现有知识联系起来。学生要认知这些内容,最终要通过思维对内容(陈述性知识、程序性知识)的作用才能得到实现,而思维必须以内容为工具和依托,所以教师作为中介者是承担了对不同内容建立逻辑关系的责任,这一过程中学生便会将信息与先前知识联系、整合起来,重新组织信息进行认知操作并创建新的知识结构来补充或取代旧知识结构,完成一次又一次的思维成长。如,学生在课堂中学习了杠杆原理再迁移运用到生活中;儿童会更多地使用"因为……所以……""如果……那么……"这样的逻辑词解释不同信息。之后,教师可以引导学生将习得的思维策略迁移到其他需要论证和推理的学习情境中。

2. 适当思维外显,提供机会解决问题

教师是学生认知发展的促进者而不是主导者,教学的目标应是学生获得解决问题的能力而不是学会"内容"。师生可以把所有的"内容"当作可参考并进行思考而使用的工具,课堂则是呈现课程效果的"社会环境",在这个"社会环境"中学习和解决问题,师生应是平等且互相尊重的,可以积极地各抒己见。但是,现实中学生还不能自发地培养他们的思维自控能力,很大程度上依赖教师在课堂上的启发和策略,所以作为促进者的教师要为学生提供一种可供参考的思维方式和问题解决的路径,相当于起到支架作用。如学生在面对汉译英有多种答案的困惑时,不仅可以将自己的翻译答案呈现给学生,还要将背后的翻译思维告知学生,相当于用书面语言或口头语言将自己的思维可视化。当然,教师也要充分承认每个学生的思维方式和解决方案之间存在的差异,学生可以对教师的答案进行分析和评价,得出结论并从中获取适合自己的策略。

3. 鼓励小组合作,激发学生创造思维

Azmitia(1988)通过研究发现早在学龄前期,儿童便可以在合作中交互解决问题,并将习得的方法泛化到更复杂的问题上,而且合作完成任务的儿童比单独完成任务的儿童有更好的表现。因此,为了激发、刺激和维持学生在课堂上的思维,教师可以鼓励学生小组合作。由于每个学生认知不同,每一个小组会不断形成新的问题情境,由此激发学生和他人的探索性对话与建构式互动,不断有人提出支持自己的观点就会不断产生创造的火花。在合作学习过程中,教师要成为学生认知发展的调解人,因为问答讨论是学生学习最好的策略。当学生在讨论中没有机会做出回应,或者他们觉得无法参与时,讨论过程就是无效的。所以,教师一方面要设计讨论、互动与提问,好的问题能启发学生一步步地深入探索,增加学生个人的成就感。另一方面还要通过不断与学生互动和回应来进行思想交流,同时向学生展示如何进行批判性评价,并鼓励学生也这么做。这样的小组讨论不仅使学生独立思考的概率增加,还能迸发更多有创造性、批判性的思维灵感,逐步为复杂的思维发展创造一种易于接受和充满激励的教育氛围。

总之,通过为学生提供思考和交流想法的机会,营造互动、期待、积极的氛围,积极参与他们的学习,引导他们讨论、分析和表达意见,来帮助他们养成积极探究的习惯。从这个角度来看,一个整合了认知策略(如引导性对话和策略性提问)、课堂气氛和"脚手架"的教学框架为教师提供了一套灵活性策略,可根据自己的学科情况做出教学选择,这将是对学生认知发展至关重要的教学实践。

二、质量反馈

质量反馈是师生互动过程中教师向学生传达——验证和阐述两种信息,即教师不仅要告诉学生是否正确,还要提供相关线索引导学生不断探寻正确的答案,旨在增进学生的思想或行为的一种有效的教学支持行为。质量反馈关注的是教师是否能够在学生学习过程中提供形成性评价,而不是正确性或最终结果的总结性评价,具有非评价性、支持性、及时性和具体性的特点。虽然关于形成性评价在改善学生学习结果方面的有效性经验证据仍然很少,但反馈一直被认为是提升学业或专业能力的重要促进因素(Shute,2008)。因此,良好的反馈需要教师通过提供"脚手架"、解释反馈回路、促进思考、提供信息、鼓励和肯定等多个教学支持策略才能达成。

① 在设计教学时应该考虑学习者的目标定向,了解学生为实现目标而努力的不同类型的方式,如:面对失败时持之以恒,追求挑战性任务的学习导向;倾向于从失败任务中退出,对困难任务的兴趣较低,追求较低挑战性的材料和任务并在这些任务上取得成功的绩效导向。当反馈能够鼓励或阻碍学习者的努力时,教师可以通过支架式反馈,提供"脚手架"带给学生表达现有技能和支持更复杂技能的机会,进行比没有"脚手架"帮助时更高级的思考和活动。教师将

新信息与学生的已有经验联系起来组织教学互动,采用激发学习者对任务的兴趣;简化任务,使其更易于管理和实现;提供一些方向,帮助学习者专注于实现目标;清楚地表明学习者的工作与标准或期望的解决方案之间的差异;减少挫折和风险;制定并明确要执行的活动目标;等等,帮助学生获得认知立足点,使学生认识到能力和技能可以通过实践得到发展。

② 反馈回路强调了教师的有效教学,教师需要对何时、如何、在什么水平上提供适当的反馈做出判断。教师的反馈回路受学生性别和文化背景的影响,教师对男生的反馈更多地与努力不足或行为不佳有关,对女生的反馈更多地与能力归因有关。对我国大多数学生而言,他们的学习参与度可能会受到课堂教学评价的制约,会因为公开回答问题有失败的风险而选择不回答,学生往往把反馈看作是教师的责任,从而被动地接受由教师决定他们的学习进展如何、目标是什么以及下一步做什么。其实个体理解反馈信息的方式是建立积极和有价值的学习自我效能感的关键,这反过来又导致进一步的学习,所以教师需要注意的是,简单地提供更多的反馈并不能解决问题,而是要从参与学习的学生的角度来看待反馈,考虑反馈的性质、时机以及学生如何接收这种反馈,要全面察觉学生的学习态度,主动地提供一些信息促使学生独立思考从而自我确认,使学生从接受反馈变为积极地寻求反馈。

③ 反馈的另一个重要功能是促进性,教师应当向学生说明当前的表现水平与期望的表现水平或任务目标之间的差距,而不是直接告诉学生哪些内容需要修改或修正。有研究认为这种促进性反馈可以成为学生努力向目标行动时强有力的激励因素(Hattie et al.,2007),会增加学生重返或坚持一项活动的可能性,也可以增强学生任务表现的持久性(Shute,2008),并改善学生目标导向行动时的自我调节行为。教师可通过三个基本问题营造一个理想的学习环境,并与学生一起寻找问题的答案:"我要去哪里?""我该怎么做?""接下来去哪里?"问题一的反馈使学生能够设定合理的目标,并跟踪自己的表现,以便根据需要做出努力,甚至策略和方向上的调整,教师和家长需要和学生共同培育和建设这一学业目标(或承诺)。问题二往往与某种预期的标准、事先的表现或任务的某个特定部分的成功、失败有关,所以提供关于进展的信息或关于如何进行的信息时,反馈才是有效的。对问题三教师可以给出更高的挑战、更多的策略、更深入的理解。这种促进性的反馈将一步步鼓励学生专注于任务,思考如何采取有效的学习策略来实现目标,缩短当前表现与预期目标之间的差距。

④ 反馈要向学生提供与任务或表现相关的信息,具体的、特定的反馈信息

优于与执行任务相关的一般建议。也就是说,当教师提供的是如何改进答案的细节而不是仅仅表明学生的答案是否正确时,反馈就更有效,如给学生的练习册提供简短的书面评语比提供分数等级更有利于学生改善学习结果。Nicol等人(2006)以及Shute(2008)认为,应向学生提供与所有评价标准相关的足够详细的信息(但不能过多),如果反馈太长或太复杂,不仅使信息分散,而且许多学生根本不会注意到。尤其对于学习有困难的学生,在学习过程中会因为非结构化的、复杂的信息引发知识负荷而变得不知所措。因此,缺乏针对性的反馈甚至有可能阻碍学习并使学习者感到沮丧,在实践教育环境中,教师需要注意反馈信息的内容结构化,提供有关学习目标以及如何实现这些目标的信息,比如在训练学生演讲时,将反馈集中在演讲文稿的内容(内化主题的呈现,并将主题与观众的先验知识联系起来)、演讲文稿的结构(将引言与演讲结束部分连接起来)、与观众的互动(保持观众的注意力)和演讲文稿的传递(确保与观众的眼神交流,使用开放的姿势、说明性的手势以及声音的功能性)等部分。

⑤ 具体的鼓励和肯定会对学生的自我效能感、自我调节能力和自我信念产生重大影响,从而使学生更好、更轻松地继续完成任务。良好的反馈可以使学生集中在自我调节层面,包括自我产生的想法、感觉和行动、计划,寻求、接受和适应反馈信息以及对反应正确性的确定程度,从而有了进一步完成任务的信心。自我效能感是反馈情境中的重要中介变量,它能使学生较少在意回答的正确性而关注反馈本身,将注意力引导回任务,使学生对任务投入更多的努力或承诺。但是如果教师将反馈与自我层面的信息混合在一起,或者指向"自我",将淡化对任务的反馈,如"好孩子,你真棒""你是一个很不错的学生""做得很好",这类不明确的评价性反馈不能说明学生取得成就的原因,会使学生产生不确定的自我形象,可能导致不良表现。因此,学生获得具有针对性的鼓励和肯定是有效进行自我加工和自我调节的基础。

事实上,教师充满爱意的反馈,能适时地传授知识并使学生愉悦地接受知识,一个学习困难的学生可能比一个学习较好的学生需要更多来自教师形成性反馈信息的支持,所以关注教师的质量反馈有助于教师修改教学行为,也有助于学生了解自己的整体进步情况。

三、语言示范

语言示范反映教师关注学生的读写能力,促进学生语言的发展。包括重复与延伸策略、自我描述与平行对话策略、高级语言策略、经常性对话策略及开放式问题策略。重复与延伸策略,语言重复和拓展。教师在强调某些重要内容时,会对相关内容进行重复,以强调其重要性。同时,对相关内容进行的拓展也会让学生感受到该内容十分重要。因而一定的语言重复和拓展是必要的。自我描述与平行对话策略。学生语言的发展大多数来自和他人的交流,但也有一部分来自自我对话,且有些时候一定的自我对话必不可少。通过自我对话能够发现自己内心的渴望和期盼。教师应当鼓励学生适当地进行自我对话,使得学生更加认识自己。平行对话,教师以朋友的身份与学生建立生活学习中的相互平等关系,与学生近距离接触,与学生进行基于尊重的平等对话,并提出开放问题。研究表明,教师的语言示范对低年段的学生具有重大影响(钟懋镇,2021)。高级语言策略,一定的高级语言传递给学生,能使学生受到启发。很多名人名言富有哲理性,能够引发思考,学生可能会因为一句名人名言,刨根问底,主动关注名人的事迹及思想,主动进行学习,从而得到很大的收获。因而,卓越教师要在高级语言方面具有较高的修养,对学生进行言传身教。经常采取对话策略,加强师生沟通。教师和学生的交流,是教师教学的基本内容。教师和学生之间的频繁沟通,能够促进学生对教师的信任,亲其师,所以信其道。作为最基本的教学内容之一,有时候往往会被教师忽视,对于卓越教师来说,这是不可忽视的。开放式问题策略,善于给学生提问。提问是一种技巧,好的问题引人深思,给人以启迪。开放式问题,能够给学生提供表达的机会,让学生阐述自己的想法,对学生的发展具有重要的促进作用(马元旦,2023)。作为卓越教师,应当多给学生提出一些开放式问题,不设置标准答案,增强学生对思考的兴趣和热情。

四、创造性教学行为

1. 鼓励学生独立学习

古语云,授人以鱼,不如授人以渔。教师既教授知识,更传授学生学习知识的方法。学生独立学习是教学的重要目的之一,教师鼓励学生独立学习,是基本的教学任务。同时,学生独立学习能力的培养是一个过程,具有一定的难度,卓越教师在这个过程中扮演重要角色,应当耐心细致地引导学生进行独立思考。

2. 具有合作性和整合性的教学风格

卓越教师在教学风格上,应具有合作性和整合性的教学风格。合作性学习不仅仅是学生之间的互动和探究,更多的是教师进行引领,设置一定的情境,发挥教师的主导作用。卓越教师需要引导学生在特定的环境下进行合作学习,对课堂内容进行整体的把握,整个课堂不是分散的、孤立的,而是合作的、系统的、完整的。

3. 激励学生掌握事实性知识,为思维的发展奠定坚实的基础

安德森和克拉斯沃进一步将布鲁姆教育目标分类体系中的知识分为事实性知识、概念性知识、程序性知识和元认知知识(杨开泛,2020)。事实性知识包括专业术语、具体细节、基本要素。学生构建学科概念的基础是认识学科的基本要素,也就是先掌握这些基本的事实性知识。

4. 恰当延迟评价学生的想法,等学生完全形成并明确自己的想法

Graham 等人(2020)指出,在教学过程中,教师选择在适当的时候对学生的回答进行评价,这种做法能够创造一种期待感,激发学生的求知欲和好奇心。通过这种方式,不仅能激励学生产生更强烈的学习动力,还能促进他们发展独立思考的能力。此外,学生也能通过这个过程学会如何对自己的学习成果进行客观和准确的自我评估。

5. 鼓励学生灵活地思考

学而不思则罔,思而不学则殆。学与思是相互促进的过程。卓越教师鼓励学生灵活地思考,主要体现在教师不设置标准答案,允许学生从不同的角度,用不同的方式方法来思考问题,同时,卓越教师还应适当引导学生举一反三,进行头脑风暴,使得学生对事物的认识更加全面、多元和灵活。

6. 促进学生的自我评价

良好的评价体系包括教师评价、自我评价与同伴评价。卓越教师能及时关注学生,并且对其进步进行肯定性地评价,如"你刚才说'前面'的时候,声音特别大,老师和其他同学都听得很清楚"等,用简单、具体的语言对学生的行为表现进行评价,能够增强学生的自信心。此外,卓越教师还重视同伴评价与自我评价,如让学生说说自己的表现、同学的表现等等。尤其是自我评价,正确合理的自我评价,能够极大地促进学生的自信发展,增强其学习的兴趣和热情。

7. 认真对待学生的建议和问题

一些学生会在日记中表达他们对教师教学方法的看法和建议,教师应该以开放的心态接受学生的反馈,并进行深入地自我反思。根据卓越教师行为理论及其实证研究,优秀的教师会积极考虑并采纳学生的合理建议,以此来不断优化自己的教学方法和策略,从而提升教学效果。理性地对待学生的建议,虚心地进行整改,可以在学生的帮助下扬长避短,不仅学生受益,教师自身也会得到

8. 为学生提供资源及不同环境下的学习机会

教师自身能够为学生提供许多知识,但知识的无限性远非教师一人所能提供,卓越教师可利用网络资源为学生提供学习的渠道。同时,也在教学课堂上和课后作业布置上,为学生探究问题、掌握技能提供机会。在课堂外,教师也应当为学生进行谋划,指导学生参与社会实践,获得不同环境下的学习机会。

9. 帮助学生学习应对挫折和失败,让他们有勇气尝试新的、不寻常的东西

学生学习,会面临学业考试、资格证考试等压力,作为教师,帮助学生应对挫折和失败,勇于接受挑战,也是其教学内容之一(乐星宇,2023)。卓越教师应主动激励学生尝试新的事物,展开新的挑战。

第二节 卓越教师课堂组织行为发展与促进

课堂组织是卓越教师行为的核心,是保证教学活动顺利开展和知识讲授效率的重要条件。高效的课堂组织行为包括学生行为管理技能、课堂产出性技能、课堂学习安排等,对于促进师生互动和激发学生的积极性具有重要意义。

一、行为管理技能的发展与提升

课堂是一个由教师、学生和教学环境共同构成的紧密而有力的互动平台,教师负责组织和引领学生的学习活动,是一种教学和学习互动的组织形式,同时也是一个动态的、不断发展的活动过程。这不是教师给学生单向传授知识的机械过程,而是一个充满生命力的互动环境,其中教师与学生、学生与学生之间通过信息传递、对话交流和认识发展来进行思想的碰撞和知识的建构。

近年来,我国学者在课堂管理领域的研究重点主要集中在教学目标的设定和课堂行为的调控两个领域。如"课堂管理是教师通过协调课堂内的各种教学因素而有效地实现预定的教学目标的过程""课堂管理是鼓励课堂学习的教师行为和活动"(苟廷琴,2009)。因此,好的课堂教学环境需要教师不断提升自己的课堂管理能力、营造良好的学习氛围、避免和减少学生的不当行为。

1. 课堂行为管理

在以课堂为主的教育教学场所里,课堂行为具有丰富的内容,既包括以教师为主体的教学行为,也包括学生在课堂上的表现行为,还包括学生与教师的互动行为。课堂行为管理是作为课堂组织者、参与者、管理者的教师对自己行

为和学生行为的有效控制和促进,包括教学行为、教师行为期望、学生的课堂行为等内容。

(1)课堂教学行为

课堂教学行为可以被理解为在课堂环境中,教师、学生及其相互间为了达成教学目标而进行的所有活动的集合。这一概念主要包括三个方面:教师的行为、学生的行为以及师生之间的互动行为。教师的行为涵盖了教师在课堂中为了实现教学目的而实施的各种行动。学生的行为指的是学生在教师的引导下,为了达到学习目标而在课堂中进行的各项活动。互动行为包括了教师与学生之间以及学生彼此间的交流与合作。这些行为共同构成了一个动态的教学过程,在这个过程中,各方参与者通过不同的方式相互作用,以支持有效的学习体验(盖立春,2011)。教师的教学行为表现在教学活动过程中,具有鲜活的教学实践性。教师主体的个性丰富性和教学实践的情境多样性使教学行为成为一个需要从多方面进行认识的复杂概念。

(2)教师的行为期望

教师的行为期望是教师基于对学生的深入了解,包括他们的背景、性格、习惯和学业表现,形成了对学生未来可能达到的成就的预期。这种期望是一个认知过程,涉及三个核心要素:首先是教师作为期望的发起者;其次是学生个体的特质或心理特点作为期望的对象;最后是教师对学生未来表现的心理预期。具体来说,教师的期望分为两个层面:一方面是对现状的评价,即教师在与学生的互动中形成对学生各方面表现的稳定看法,并据此对学生的行为和态度进行定位;另一方面是对未来发展的预测,即教师根据对学生现有信息的了解,对其未来可能的行为和结果进行预判,这种预判会影响教师与学生的互动方式(王熔纯,2022)。教师的行为期望的有效传递过程是教师对学生的尊重和信任以及建立在信任基础上的期待,可以让学生感受到教师的爱,有利于构建和谐的师生关系,对于正处于心理发展过渡期的学生的发展有促进作用,与此同时有助于建立合理的现代教育理念。

(3)学生的课堂行为

学生的课堂行为可以分为课堂投入行为和课堂其他行为。课堂投入是指学生在课堂学习与学业有关的活动中投入生理和心理能量状态;课堂其他行为指在课堂上除学习行为以外的行为,如走神、小动作、说话或者与课堂无关的事情。学生课堂行为并不是固定不变的、单一的,在不同的个体、不同的环境、不同时间,课堂行为的表现往往是多元的、流动的、多重建构的。一方面,学生的课堂行为与自身因素有关,包括学生的自我认同和性格;另一方面,外部因素如成长环境、接受的文化、家庭环境以及父母的教养、教学环境和教师等也对学生的课堂行为有影响。其中,教师的影响有显著的可控性。教师和学生作为课堂情境中的双主体,他们之间在行为、情感和思维等方面发生的具有促进性或抑制性的相互影响与相互作用,使得师生双方在心理和行为方面发生改变。教师在课堂的表现直接影响着学生的行为,与此同时学生作为独立的个体,相互之间存在着生理和心理上的差异性,对于教师做出的行为给出的反馈不尽相同。在课堂互动中,教师的行为期望将对学生的学习行为产生影响,适当的能被学生感知的期望促进学生的学习行为,同时,积极的教师期望能减少学生攻击性或不良行为的发生。

2. 课堂问题行为的纠正与预防

教师也致力于防止学生的不当行为和错误,以提高学生的课堂学习效率。这并非通过严厉的批评或放任学生自由发展来实现,而是教师利用管理学、心理学等相关学科的知识,采取多种策略来预防课堂问题的发生,从而发挥其在课堂管理中的积极作用。简而言之,教师通过综合运用专业知识和技巧,创建一个有支持性和积极性的学习环境,以促进学生的全面发展和有效学习(张茜,2008)。

(1) 课堂问题行为

课堂是一个多面向、实时发生、同时进行且充满不确定性的场景。影响课堂的诸多因素复杂且多变,许多因素超出了教师的控制能力,或者教师对其的影响力十分有限。这导致课堂中不可避免地会出现一些问题,教师往往不得不牺牲宝贵的教学时间来管理学生行为、解决课堂问题,以及维护课堂纪律。根据问题行为对教学活动影响的严重程度,可以将其分为四个类别:偶发性短暂问题、持续性轻微问题、持续性严重问题、极端性严重问题(王明月,2014)。偶发、暂时型的问题行为对课堂教学的影响较小,比如个别学生短暂的开小差、讲话、发出声响等;持续轻微型问题行为对教学有轻微的影响,如玩手机、看其他书、讲话等;持续严重型问题行为对教学有影响,如学生离开座位、相互打闹、故意捣乱、大声说笑等;极端严重型问题行为可导致教学行为暂停,如生生冲突、师生冲突、暴力行为(打架斗殴)等。

(2) 课堂问题行为产生原因

课堂问题行为是学生在课堂上的不当行为,需要及时规范和制止,它产生的因素包括学生自身因素和外部因素,外部因素主要由外部环境因素和教师因素两部分组成,课堂问题行为表现是在这些内外因素共同作用下形成的。自身因素主要是学生的学习认同,学生在学习的过程中不断构建自己的学习价值观、信念、学习的自我概念等,以便更好地对学习进行管理和监控。在这个过程中,适合于自己学习效能的多维度参与行为逐步形成。倘若学生在自我认同上不能得到满足,就会产生自暴自弃、排斥抵抗情绪,自我效能感低,久而久之会在课堂上产生问题行为。外部环境和教师行为直接影响学生的课堂行为,课堂环境安排、座位设置、课堂外部环境等直接影响学生的课堂体验,好的课堂环境可以有效促进课堂教学质量和师生之间的互动交流,课堂环境混乱、简陋、干扰多,不但影响师生的教学体验,还容易诱发学生的不当行为。教师的课堂行为对教学效果起着关键性作用,对不同学生的行为期待不尽相同,教师期望与课堂师生互动呈显著负相关,学生自我教育期望与课堂师生互动呈显著正相关,当其两两组合时,学生如果对自己有较高的教育期望,他们往往能感受到教师对他们的高期望,这种感知在课堂上与教师的互动中表现得尤为积极,从而获得更好的互动效果。相反,那些自我教育期望较低的学生,当他们感知到教师的期望也较低时,课堂互动往往不尽如人意,这可能会增加课堂问题行为的发生概率(王熔纯,2022)。

(3)课堂问题行为的纠正与预防

学生课堂上的问题行为需要教师及时指出和纠正,同时要尽量避免问题行为的出现。卓越教师关注学生个体差异,提高课堂上教师期望的积极水平,从而创造良好的课堂师生互动关系。首先,教师给予学生更多的学业表现和能力等方面的肯定,对不同学生给予相应的行为期望。如根据每个学生的实际能力,教师可以安排一些既具有挑战性又在学生能力范围内的任务,鼓励学生通过努力去完成;在班级事务的讨论中,教师应倾听并考虑学生的观点,让学生感受到自己的意见被重视;教师还可以推荐学生参加各类竞赛活动,以提升他们的参与感和成就感;教师需要密切关注学生的学业进展,对于学生的进步要及时给予表扬,对于学生的错误则要提供及时的反馈和指导,帮助学生克服错误并取得进步。其次,教师应根据每个学生的独特性来制定和表达积极的期望,通过精准地识别并响应每个学生的特定需求和表现,能够显著地提高教育的效果。具体来说,教师应该对那些表现出问题行为的学生给予特别的关注,并为非班干部学生提供展示自己能力的机会,同时关心他们的情感状态,与他们建立积极的情感联系。对于学习成绩较差的学生,教师应超越对他们缺点的关注,转而欣赏他们的优势,并鼓励他们发挥自己的才能,实现多方面的发展,同时给予他们更多的关心和情感支持。最后,教师应充分利用自己的期望来提升学生的自我效能感。教师的期望不仅能显著提高学生的自我效能感,还能通过促进学生自我效能感的正向发展,对课堂师生互动产生积极的影响。为了提高课堂师生互动的质量,教师需要发挥积极期望的效应,特别是对那些自我效能感较低的学生给予更多的关注。当学生的自我效能感呈现消极时,教师可以利用期望效应的正向影响,采取多样化的教学方法,通过自己的态度和行为来影响和转变学生的消极自我教育期望(王熔纯,2022)。

二、产出性技能发展与提升

卓越教师根据学生特点,科学制订教学计划,并在课堂教学活动中,以学生为本,充分发挥学生的积极性、主动性,激发学生的潜能。他们利用手头上的各种教育资源,合理设计教学情境,采取多样化的教学方法和策略在限定的时间框架与合理的工作量范围内,致力于最大限度地优化教学效果,确保完成既定的教学目标与培养计划,既回应社会对教育质量的殷切期望,又满足师生个人对教育成果与自我发展的不懈追求。

1. 教学活动

教学活动是教师精心策划的一场以学生为中心的互动盛宴,它尊重和培育每一位学生的个性,同时巧妙化解教学难题,深化学生对知识的领悟与经验的积累。在实践中,教学活动严格遵循精心设计的教学计划,从细致的备课到生动的授课,从精心布置与细致批改的作业,到耐心的答疑解惑,再到全面的成绩检测与反馈评价,每一个环节都紧密相连,构成了一个高效有序的教学系统。值得注意的是,教学活动与活动教学不同。活动教学作为一种创新的教学理念与方法,它更加注重在教学过程中构建富有教育价值、充满创意、强调实践与操作的学生主导型活动。这种教学模式鼓励学生跳出传统框架,勇于探索未知,深入思考,积极实践,从而在知识、技能、情感态度及价值观等多个维度实现全面发展,其核心在于全面提升学生的综合素质。活动教学以学生为核心,旨在点燃他们内心的学习热情,激发他们无限的创造力与主动性,共同迈向更加广阔而深远的教育目标。

2. 教学活动的开展

开展教学活动是教师的主要职责,教师应树立以人为本的教育理念,注重教学成果持续产出。从教学实践维度上讲教学活动过程可以分为课前准备、教学实践和教学反思,要求教师有明确充实的教学计划和实施策略。具体包括:

① 确定目标。在开始教学活动之前,教师应该明确自己想要达到的目标,包括知识传授、技能培养、价值观塑造等方面。目标设计要符合学生的实际情况,这就要求教师充分了解学生的基本情况和学习规律。

② 制订教学计划。根据设定目标,制订详细的教学计划。这包括确定适当的内容、方法和资源,并安排合理的时间框架。执行计划过程中需要查阅相关资料充实课程内容。

③ 个性化教学。了解每个学生的特点和需求,并根据他们不同的背景和能力进行个性化指导,并采用多样化的教学策略,以满足不同类型和程度学生的学习需求。

④ 激发兴趣。通过引入有趣且相关性强的实例、案例或问题来激发学生对主题或课程内容的兴趣,鼓励学生积极参与并提供正向反馈。

⑤ 互动式探究。鼓励学生积极参与课堂讨论、小组合作或实践活动,促进他们主动思考、提问并寻找解决问题的方法。

⑥ 多媒体支持。教师应掌握基本的多媒体操作技能,利用现代科技手段(如投影仪、电子白板等)增强视听效果,使教学内容更加直观易懂,并提高吸收知识的效率。

⑦ 反馈评估。及时给予学生关于其表现和进步方面具体而有建设性的反馈,同时也需要对整个教育过程进行评估,以便针对未来活动中可能存在的改进空间进行调整。

⑧ 不断专业成长。作为卓越老师,在专业发展方面持续保持热情并寻求新知识、新技术,积极主动地参加培训班、研讨会或阅读相关文献。

3. 教学活动有效性

教学活动的有效性体现在教师遵循教学的基本原则,发掘教学过程中的内在联系。教师利用有限的课堂时间,通过课堂教学和课后的恰当辅导,促进学生科学地学习。通过实现知识掌握、思维训练和情感态度的三维目标,引导学生形成自主学习的方法观和价值观,从而促进学生个性和潜能的全面发展。最终目标是让学生独立学习,实现"教"的目的是"不教","学"的目的是"能学"。

4. 提高教师教学有效性

首先,要关注"内因驱动"的有效性价值。学生的成长不仅包括身体的发展,也涉及心智和思想的形成。在道德、智力、体育、美学和劳动教育等不同领域接受更高层次的教育时,他们在判断是非、辨别善恶、选择美丑等方面的认知能力和判断力也在不断地提升。同时,他们的心理和情感也在逐步成熟。在这个关键时期，教师应该利用学生的可塑性，主动与学生建立联系，用以人为中心的人文关怀，将人类最优秀的情感和品质传递给学生。通过这种方式，教师可以帮助学生培养积极向上的内在动力，激励他们追求卓越，形成积极的行为习惯和价值观。

其次，要关注"外因诱导"的有效性实现。学生的视野不再局限于课堂，而是开始对外部世界充满好奇和兴趣，主动探索和获取信息。随着时间的推移，接受的信息量日益增加，信息的来源渠道更多，触及的知识领域也越来越广泛，交流的频率和深度也在不断地提高。教师要与时俱进，紧跟时代步伐。一方面，练就辨别是非的能力，具备教育引导学生的本领。另一方面，尊重学生，以学生为本，深入研究外界环境对学生的影响，循循善诱才能从"外因诱导"走向"内因驱动"，让学生形成自我规约的品质。

最后，持续关注教学成果的有效性是至关重要的。通过诚实且客观的评估，我们不仅能衡量教学各个组成部分的效果，还能观察到这些组成部分相互协调的效率。通过结果的反馈，可以及时发现并纠正教育过程中的偏差。定期且持续的评估过程，使教师在不断变化的教育环境中，深入了解教学成果、过程和各要素的当前状况。通过这些反馈，教师可以进行必要的调整，确保教学活动的有效性得以持续和增强，让课堂的教学行为生动有趣、充满活力。

三、教学学习安排发展与提升

教学学习安排是指教师提高学生学习兴趣、鼓励学生持续地参与活动的能力，教师通过有效地促进学生的学习、多样化的活动形式和材料、关注学生学习兴趣和学习目标的澄清来实现。

1. 如何培养学习兴趣

学习兴趣是影响学生学习行为和表现的重要因素，它在一个人的终身学习活动中具有持久性和稳定性，它能集中学生的注意力，引导学生更好地去回忆所学的知识。学习兴趣不仅意味着学生对某件事或者某学科有兴趣，也意味着当学生对某件事或者某学科感兴趣时，学习这个话题就会变得容易甚至愉快。

影响学生学习兴趣的因素有很多，包括外在因素和内在因素两大类。外在因素包括学习教材、教师和教学环境等，内在因素包括学生的学习动机、学习态度和学习方法等。从发生学的角度来说，学生学习兴趣的形成与发展是一个由浅入深的过程，教师可以利用外在刺激物，例如教学方法的改进、教师魅力的提升、师生感情的增加等，激发学生的学习兴趣。这一过程分为几个阶段：前阶段兴趣的发展停留在事物或现象的表面,很大程度上依赖于刺激物的外部特征;中间阶段的发展重视学生人文素养的内化;最后阶段学习兴趣的发展应该成为一种稳定的兴趣品质。

在学习的初期,利用外在刺激,促进学生尽快地将已有的知识经验与在课堂上所觉察到的事物结合,形成兴趣的萌发;在兴趣萌发之后,帮助学生有效地对学习任务进行深加工,形成学习共同体,加深兴趣;在加工的过程中不断强化学生的内在人文素养,例如,爱国爱家的精神、勤学好问的精神、坚持不懈的精神,促使学生形成对学习目标、学习动机等的内化,强化学习兴趣;最后搭建平台,帮助学生将所学的知识用于指导实践,并及时给予评价鼓励,使学生收获喜悦,巩固兴趣,使之成为一种稳定的兴趣品质。学习动机是动机在学习领域的特殊反映,是主体有意识学习行为产生的直接原因,是内部和外部原因综合作用的结果。在实际课堂教学情境中,更多谈论的是兴趣,而不是动机或者诱因。我们谈论的学习兴趣,其实是学习动机的另一方面。

从内部动机的角度来看,学习者天生就对新知识抱有好奇心和求知欲,这种内在的驱动力可以通过学习活动得到进一步的激发。然而,这种内在动机并不是所有学生都能自然形成的。那些拥有较强自主学习能力的学生,往往能够长期保持对学习的热情。内部动机包括两个关键要素:一是学习者对知识的内在渴望,二是学习材料能否满足他们的学习需求。与此相对的是外部动机,它是由外部环境因素激发的,可能与学习者的内在需求并不完全一致。例如,一些学生可能为了获得高分和家长或老师的表扬而学习,这种动机可以称为赞赏性动机。此外,还有为了避免惩罚而产生的学习动机。在外部动机的驱动下,学生可能不会深入关注学习内容本身或学习过程中的乐趣。

教师因素是影响学生学习兴趣很重要的一个因素,学生在学习过程中接触最多的人是教师,教师合理的教学学习安排可以有效地激发学生的学习兴趣。所以,教师要重视自身的作用,要合理规划教学,更好地为学生的学习和成长而努力。当学生在教师的鼓励和支持下感到自己的需求得到满足时,他们的学习兴趣往往会得到提升。这会使他们更加积极地参与学习过程,更愿意尝试新事物,并且在面对失败时仍能保持坚韧性。学生感受到的外部支持越多,他们完成特定学习任务的信心也会相应增强,学生感受到的自主支持越多,创造力和自我效能感就会越强。

2. 教师行为对学生兴趣的影响

有效的教学计划安排对于引导学生学习和提高学习兴趣至关重要,能明显提高教学效率,包括减少课堂中断,促进更多的学生行为和参与度,提高学生的成绩。无效的课堂行为管理会导致某些破坏性活动,以及消极的师生互动,影响学生成绩的提高。教师可以采用特定的课堂管理策略,以促进学生的积极行为,例如减少对学生的干扰、更好的课堂参与度等,同时教师可进行大量的表扬,与学生建立更融洽的关系,强调学生更多地参与内容等。

教师对学生的尊重、支持和鼓励,为学生提供了自主学习和探索的空间,对于激发学生的学习动机至关重要。当学生感觉到自己的选择和探索得到认可和支持时,他们更有可能全身心地投入到学习中,展现出更高的学习热情。教师的自主支持体现在对每个学生想法的尊重,给予他们足够的自由度来选择自己的学习路径和方法,不仅能增强学生的学习兴趣,还能提升他们的创造力和自我效能感,从而间接地增强他们面对挑战和失败时的韧性。教师通过认真倾听学生的意见,尊重他们的想法,并提供必要的鼓励和自主探究的机会,可以帮助学生建立起对学习的热情和信心,激励学生更加积极地吸纳新知识,探索新方法,即使在遇到困难和失败时,也能保持积极的态度,勇敢地面对挑战。

教师的教学行为对学生自主性需求的满足程度,直接影响学生的内在动机和学习投入。当学生感受到自我效能感的提升,他们更有可能展现出勇于尝试和面对失败的勇气。教师的教学方法和行为能够显著影响学生的学习动力。目前,一些教师仍然偏好传统的讲授式教学,虽然这种教学方式也会提供讨论和实践的机会,但往往还是按照教师的预设路径让学生完成既定任务,以确保得到"正确"的答案。这种模式可能没有充分考虑学生个体的想法,也没有鼓励学生面对真正具有挑战性的问题,从而限制了学生进行自主探究的机会。研究指出,这种教学程序并不足以充分激发学生的学习热情,也不足以有效提升他们的学习兴趣。为了改善这一点,教师应当提供更多的自主支持,允许学生根据自己的兴趣和需求做出选择,进行自主探索。这样的教学环境有助于提升学生的学习兴趣,增强他们的创造力和自我效能感,鼓励他们勇于尝试新事物,即使面临失败也不退缩,从而培养他们的创新意识和创造力。

3. 如何提升教学学习安排的科学性

(1)精心准备,系统设置

教师在实施小组学习之前,必须进行周密的课前准备,这涉及对学生学习特点的深入理解、明确教学目标、细致分析教学环境和资源,以及对学习过程中的各个环节进行系统化设计。这包括精心设置问题以激发学生的思考,合理分配小组成员的角色和任务,创设真实的问题情境以增强学习的实践性,鼓励学生进行自主学习,营造一个支持合作和交流的环境,建立有效的学习效果评价机制。通过这些细致入微的准备工作,能使小组学习更有效地促进学生的交流、合作和批判性思维能力的发展,从而实现学生的全面成长。

(2)深入研究,优化策略

教师在实施小组合作学习时,必须精心挑选并创造性地加工教学内容,确保所选材料能够激发学生的兴趣并适合小组讨论和合作。这包括选择那些解题方法多样、计算结果可能存在分歧、实验结果开放性的问题,以及那些需要团队合作才能完成的模拟实验内容。这样,教师能够确保每个学生在小组中都有机会发言和参与,从而促进学生之间的互动和思维的碰撞,提高学习效率和质量。

(3)因材施教,明确目标

教师在准备课程时,需要进行深思熟虑的预设,这涉及对教材内容的深入理解以及对学生需求的准确把握。通过制定清晰的学习步骤,教师能够引导学生了解即将学习的主要内容、采用的教学方法以及预期的学习成果,从而减少学习过程中的不确定性和盲目性。这种明确的指导有助于激发学生的学习兴趣,使他们有目的地参与学习活动。当学生清楚地知道学习的方向和目标时,他们更有可能积极地参与讨论、思考和实践,这不仅促进了师生之间、学生之间的互动,还有助于形成思维的火花和智慧的交流。在这种互动中,问题不再是障碍,而是促进学习和理解的催化剂。学生在解决这些问题的过程中,能够深化对知识的掌握,提升解决问题的能力。教师的这种教学策略,不仅确保了学习活动的高效性,也提高了课堂教学的整体质量,使学生能在有限的时间内获得最大的学习收益。

(4)全面考虑,充分预设

教师在设计课程时,必须全面考虑并充分预设,以确保学生在学习过程中拥有足够的时间进行深入的思考、探究、讨论和交流。这意味着教师需要根据学习内容的深度和广度,以及对学生能力的实际评估,合理分配时间,确保学生在每个环节中都得到充分的参与机会。每个学生都应该有机会表达自己的观点,补充他人的想法,甚至在必要时进行辩论。这种参与不仅能促进学生之间的相互启发,还能帮助他们深化对知识的理解,提高批判性思维能力。如果教师在预设时考虑不周,或者时间安排过于紧张,学习活动可能会变得匆忙,无法达到预期的效果。这不仅可能导致学生感到沮丧,还可能削弱他们对学习的热情和期望,从而影响学习动机和最终的学习成果。因此,教师在课程设计时,应该充分考虑到学生的需求和学习活动的性质,合理安排学习时间,确保学生在一个宽松、有序的环境中进行学习,从而实现教学目标,促进学生的全面发展。

(5)持之以恒,坚持不懈

教师的坚持和努力对学生形成良好的学习方式和习惯至关重要,尤其是在培养学生的合作能力方面。现代社会强调团队协作的重要性,无论是完成学术任务还是职业工作,都需要人与人之间有效地沟通和合作。在教学中,教师应该通过合理的安排,确保学生有足够机会展示自己的想法,同时学会如何与他人交流和合作。这不仅有助于学生在人际交往中发展,还能帮助他们认识到每个人都有独特的优势,这些优势在团队中可以互补,共同推动任务的完成。课堂上,教师应该鼓励学生积极倾听,理解并尊重他人的观点,同时也要勇于表达自己的想法。这种平衡的交流方式有助于学生学会如何在独立思考和集体讨论之间转换,从而促进更深层次的理解和学习。通过这样的教学方法,教师可以激发每个学生的参与热情,确保他们都能在课堂上找到自己的位置,为集体的进步贡献自己的力量。最终,这种教学不仅能提高学生的学术能力,还能培养他们的社交技能和团队精神,帮助他们成为在现代社会中成功合作的个体。

(6)更新理念,共同参与

教师在学生小组合作学习中扮演着至关重要的角色,他们需要在课前进行深入的思考和准备,以确保教学活动的有效性。这包括决定何时引入小组合作学习,如何设计问题以激发学生的思考,以及如何通过恰当的点拨和引导来促进学生的理解。教师还需要考虑如何将集体教学、小组教学和个人自学三种教学形式有机地结合,以实现教学方法的优势互补。在确定教学内容时,教师要评估哪些知识点适合通过集体教学来传授,哪些问题适合小组合作来解决,以及哪些教学内容更适合学生独立学习。这样的评估有助于确保每种教学形式都能发挥其最大的教育价值。在教学过程中,教师不仅是知识的传递者,更是学生学习的促进者。他们需要深入学生的学习活动,提供适时的引导和鼓励,确保每位学生都能在小组合作中积极参与,展现自我,发挥个性,并在这一过程中获得成就感。通过这样的教学实践,教师可以帮助学生建立起对学习的热情和信心,促使他们在知识、技能和个性等方面的全面发展。

第三节 卓越教师情感支持行为发展与促进

情感支持是卓越教师行为发展的关键,是学生情感态度、价值观念、心理健康乃至人格健康形成的重要保障。课堂上,卓越教师的情感支持行为通常包括营造积极氛围、掌控消极氛围、教师的敏感性行为、关注学生看法及其他相关行为。

一、积极氛围

无论是对于教师的教学效果,还是对于学生的学习效果,课堂氛围都有着至关重要的影响。卓越教师会在课前精心准备,以确保师生之间建立积极的情感联系,采用富有建设性的评价方式来激励学生,运用多样化的教学方法来提高学生的参与度,及时提供反馈以指导学生学习,同时在课堂上展现出积极的情绪,所有这些因素共同作用,创造出一个支持性和激励性的学习环境,让学生在舒适和自信的氛围中积极参与学习,从而提高学生的学习效率并促进学生的全面发展。积极的氛围反映师生互动过程中教师所表现出来的对学生的尊重、喜爱与情感交流,常常通过表情、语气语调、肢体动作等表现。

1. 表情

在绝大多数人的学生生涯中,都会至少遇见过一位古板、不苟言笑、总是一脸严肃的教师。这十分符合传统教学观念中教师作为"权威"的形象,也会在一定程度上让家长感觉这位教师很可靠,进而更加信任教师。但是,站在学生的角度来看,这种过于严肃的教师难免会与学生之间产生距离感,从而让学生对其"敬而远之"。可见,表情管理在营造积极氛围中的作用不可忽视。要营造积极氛围,教师首先应当从传统观念中的教师形象中脱离出来,在教学中尽量保持微笑的表情。看到教师面露微笑,学生会感受到教师的善意、友好和鼓励,教师在给学生传递一种轻松、温暖的情绪的同时,拉近教师与学生之间的距离,使学生更容易接纳教师,促使师生之间形成良好的课堂氛围,进而让学生在教师的带动下,以更加轻松愉悦的状态来学习知识,培养学生对课程的兴趣,提高自身学习热情,促进学生的身心健康发展。

2. 语气语调

语调是人们在说话时的腔调,是一句话里声调的高低以及抑扬轻重的配置与变化。在人们日常的口语交流中,几乎任何一句话的含义,都要由句子中的词汇的意义,以及说话者的语调共同组成。同一句话,即便组成它的词汇与词汇之间的排列顺序完全相同,但若说这句话的语调有所不同,其所表达的含义也可能会大相径庭。根据神经语言程序学(Neuro - Linguistic Programming, NLP)的研究成果,从语言沟通的效果上来看,文字意义仅占7%,而语音语调占38%。由此可见,与文字内容相比,语音语调对沟通效果的影响更为显著。因此，在课堂教学中，教师要重视语音和语调所产生的教学效果。

在教学过程中，教师要保持自然流畅的语调，辅之以清亮的音调，使学生沉浸在良好的语音环境中，在让课堂氛围充满活力与乐趣的同时，也能增强教学的感染力，强化教学成果。

3. 肢体动作

肢体语言作为一种无声的交流方式，对课堂氛围的营造起着至关重要的作用。美国心理学家伯德惠斯特尔指出，人们的思想和情感往往通过肢体动作在有意无意间表达出来，传递出有声语言所不能涵盖的信息。罗伯特·布鲁斯的研究进一步强调了非语言行为在教学效果中的重要性，他指出课堂的教学效果有82%是通过教师的面部表情和肢体动作等非语言行为实现的，而仅有18%的信息是通过语言手段传达的。布鲁克斯同样认为非语言性行为在课堂交流中占有重要的地位。综合这些观点，教师的肢体语言是影响课堂氛围的关键因素之一，它能够帮助教师更有效地与学生沟通，激发学生的学习兴趣，增强教学的吸引力和说服力，从而提升教学效果。

教师在讲授课程内容时，很多时候都是相对枯燥乏味的语言输出，在这种情况下，大多数学生难以在40分钟的课堂上持续保持注意力。教师若能在教学过程中，将课程内容与肢体动作适当进行结合，就能更好地营造活跃的课堂氛围，使学生学习的积极性得到提高，同时拉近师生之间的距离，使课堂氛围更加轻松活跃。这时，学生对于课程内容的学习不仅更有兴趣，对课堂的积极情绪也会被激发。在高效完成教学任务的过程中，教师的肢体语言不仅传递了教学内容，还无声地营造了积极的课堂氛围。这种非语言的交流方式能增强学生的参与感和沉浸感，使他们更加投入于课堂学习。通过教师的面部表情、手势和身体姿态，学生可以感受到教师的热情、鼓励和支持，这些非语言信号能够激发学生的学习动力，提高他们的学习兴趣和积极性，从而带来更加丰富和深刻的学习体验。这种积极的互动和交流，有助于建立一个充满活力和支持性的学习环境，让学生在享受学习的过程中实现知识的掌握和技能的提升。

二、消极氛围

积极氛围对学生的学习效果以及学生的身心健康发展有着重要的促进作用，而消极氛围则会破坏学生对课程的学习兴趣，阻碍学生学习进步，降低学习效率，甚至会损害学生对学习的自信心。消极氛围的形成，最主要的原因不在于教师自身专业知识储备、教案准备、授课方式等方面，而是在师生互动中教师所表现出的消极情感。

教师在课堂中产生的消极情感,会使教师难以避免地对学生表现出消极的行为反应,使消极情绪在师生之间相互感染,逐渐蔓延,进而形成消极的课堂氛围。教师对学生所采取的消极行为,最典型也最常见的有否定、惩罚以及对学生的不尊重,这些行为所造成的结果无疑不利于良好的师生关系以及积极课堂氛围的营造。

1. 否定

教师的评价不仅是教师职责的一部分,也是塑造学生行为和思维的重要教育工具。一个准确和公正的评价能够显著地促进学生的积极发展,因此,教师在评价时既要认可学生的优点,也要恰当地指出其不足。然而,一些教师可能过分依赖负面或尖锐的批评,错误地认为这样能引起学生的重视。这种做法实际上可能会适得其反,不仅未能激发学生的改进动力,还可能破坏课堂的积极氛围,抑制学生的学习热情,并对学生的心理健康造成不利影响。因此,教师应致力于采用更为积极和富有建设性的评价方式,以支持学生的全面发展。

在处理学生的不当行为或错误答案时,教师进行恰当的否定是必要的,但这种否定必须建立在尊重学生的基础之上。教师应确保学生有足够的时间去思考和纠正错误,避免使用侮辱性或攻击性的语言,同时控制自己的面部表情和行为,不要表现出失望或愤怒的情绪。教师应认识到,评价学生不应仅仅基于学习成绩,而应更全面地考虑学生的潜力和优点。教师的角色是发现并鼓励学生的长处,激发他们对课堂活动和学习的兴趣,从而促进积极的课堂氛围的形成。通过这种积极的评价和引导,教师可以帮助学生建立起自信,鼓励他们积极参与课堂活动,享受学习过程,并在修正错误中学习和成长。

2. 惩罚

教育惩罚是以惩罚为方式和手段对学生进行教育,使受罚者不会再出现违规行为,通常包括学校及教师两方面所施加的惩罚。合理、恰当的教育惩罚是对学生个人或者集体违规行为所进行的否定,目的在制止或减少违规行为的发生,降低违规行为再次出现的可能性,并使受到惩罚的学生判断是非的能力提升。在课堂教学工作中,面对学生所做出的不当行为和违反课堂纪律的行为,采取正当且必要的教育惩罚措施,有利于维护课堂纪律,保障教学工作顺利开展,在让学生明辨是非的同时也能维护良好的课堂氛围。

教育惩罚的目的在于教育,而惩罚只是教育的一种帮助学生形成规则意识的手段和方式,即教育惩罚的本质是教育,而并非惩罚。现如今,尽管多数教师能够理解教育惩戒是一种教育手段,但是依然有部分教师不了解甚至曲解教育惩罚作为教育手段的本质,将其视作是一种对做出不当行为的学生进行惩罚、以儆效尤的手段。并且在执行教育惩戒的过程中,教师有时可能受到个人情绪波动的影响,导致他们基于瞬间的情绪状态或愤怒的程度来对学生实施惩罚,从而忽略了教育惩戒应有的教育目的和科学依据。因此,一方面,教师要正确认识教育惩罚作为教育手段的本质属性,防止将其当作用于惩罚学生的手段;另一方面,教师要制定合理、合法的惩罚制度,做到依据学生不当行为的种类和程度不同施加正当、合理的惩罚措施,保证惩罚的教育性与科学性。

3. 对学生不尊重

教育最重要的目的之一,就是要培养懂得尊重的人。尊重不仅是课堂师生互动的必然要求,也是保障教学工作顺利进行、构建积极课堂氛围的必要条件。在课堂教学的过程中,师生之间并非单向的传递信息,而是双向的互动交流,因此尊重对于师生双方都具有十分重要的意义。然而,在传统教学观念中,学生对教师无条件的尊重已然根深蒂固,但教师对学生的尊重却总是被有意无意地忽略。一些教师为了强化自己的威信,倾向于设定苛刻的课堂规范和纪律标准,对学生施加较多严格的期望,并对任何形式的学生质疑持不宽容态度,更不能接受学生的挑战,所说的每一句话都要求学生无条件接受,所立的每一条规矩都要求学生严格遵守,要求学生无条件尊重自己的同时,却认为自己作为权威就不用平等地尊重和回应学生。

尊重是人与人之间最需要的情感之一,只有师生相互尊重,才可以使彼此的人格能够健康全面地发展。如果教师缺乏对学生最基本的尊重,那么在教学工作中,师生之间的配合将会很难进行,课堂氛围也会愈发消极,教师的教学目的将难以达成,学生的学习效果也得不到保证,学习热情更是会大打折扣。同时,若学生被尊重的需求得不到满足,其身心的健康发展也难以得到保障。因此,教师应将学生看成一个独立的、自由的、完整的,具有独特天性、人格和尊严的人,懂得并践行与学生的相互尊重。

三、教师敏感性

敏感性是依恋领域的重要概念,Bowlby 的依恋理论将照料者的敏感性概念转化为对幼儿信号或需求的觉察和准确意识,并对其做出适当反应的能力。Pianta 等人将"敏感性"引入到师生互动的研究中,提出"教师敏感性

(teacher sensitivity)"这一概念,它是指"教师能够意识到学生在学习、情感等方面的需求并及时给予正确的回应"。高敏感性教师具有两大特征:一是敏锐觉察,教师在教学过程中能够敏锐地觉察到学生的社会情感和学业需求,迅速捕捉到学生关键的学习行为;二是有效支持,教师能够及时给予学生有效的支持,这种支持是对学生需求的适宜回应,既能帮助学生解决问题,同时又能满足学生的情感需求。

教师敏感性作为高质量师生互动及学生社会情感发展的重要前因变量,有助于学生将教室作为自主探索学习环境的基地,使学生在教室里感受到安全感,这种安全感将促使学生自主探索、主动投入、积极参与课堂互动,从而提高学生的学习效能和学业成绩。高敏感性教师的意识、理解、支持与回应,为学生营造了安全的氛围,让学生感受到自己的行为或想法是被允许、被接纳的,因而会更愿意在课堂上表达或分享自己的观点,从而促进高质量师生互动关系的建立。高敏感性教师在教学过程中能够快速有效地觉察到学生学习或情感等方面的需求,并为其提供适当、及时的学业和情感支持,通过需要的满足从而提高学生的学习动机。

教师在教学中保持敏感性是教师专业素养的体现,更是教师从专业到卓越的必备素质,对学生的学业、社会化发展具有重要作用。教师敏感性与学生情绪发展、课堂中自主投入以及社会交往能力等相关,高敏感性的教师能够对学生的情绪做出积极地回应,为学生创造情绪发展的安全空间,促进学生情绪能力的发展。同时,高敏感性的教师能够掌控课堂,对学生的个性发展、学习习惯等有更全面的了解,更善于抓住时机给予学生积极的支持,创造促进学生社会化发展的安全、信任的环境,而非采用拒绝、压制、批评、惩罚等消极的回应方式来与学生互动,长此以往,有益于减少学生的攻击性行为,提高其社会交往能力。此外,教师敏感性对特殊学生(包括有依恋障碍、外化行为问题、行为偏差等的学生)的社会化发展非常重要。特殊教育领域的研究发现,教师如果能对这些学生的需求做出敏感的反应,满足他们的心理需求,赢得他们的信任,有助于改善他们的偏差行为,教师敏感性是学生心理社会发展重要的保护性因素。相反,教师的不敏感会使学生的学业和情感需求受挫,感受到课堂环境的压力,从而阻碍学生的心理社会发展。

可见,教师敏感性不仅是卓越教师的基本素养,也对学生的心理影响深远,因而,培养教师的敏感性显得尤为重要,在教学中如何提高教师敏感性,可以围绕以下几个方面进行。

1. 全面了解学生的发展水平

对学生需求的觉察是建立在全面了解学生心理发展的基础上。我国古代伟大的教育学家孔子有弟子三千,均有不同的成就,还培养了"七十二贤",其原因在于孔子充分了解每个学生的个性特征及心理需求,因而对他们给予适当的支持。心理学家埃里克森对个体心理发生与发展进行了深入研究,形成了心理社会八阶段理论,该理论将人的一生分为八个发展阶段,每个阶段都面临特定的发展任务。因而,教师应学习掌握学生心理社会发展特征的专业知识,了解每一阶段学生的个性发展、学习行为及心理需求等,既要把握普遍规律,也要看到学生间的个体差异,在课堂上有目的、有意识地进行细致深入的观察,从而对学生形成全面而客观的认识,以此提高师生互动中的敏感性和觉察力。

2. 充分尊重学生的心理需求

尊重学生是教师敏感性的重要特征,主要表现为接纳学生的需求、认可学生的情绪、理解学生的行为,并及时提供适宜支持。高敏感性教师在关注问题解决的同时,也要关注学生的情感需求,让学生感受到被尊重、被理解,学生才愿意在课堂上自如地分享自己的想法,自主地参与课堂活动,积极地寻求教师的支持。如在进行小组讨论时,随着讨论的深入,有些学生的声音会越来越大,甚至出现争吵。教师迅速觉察到并回应说:"看起来大家都很希望充分地、清楚地表达自己的想法,老师知道你们很激动,但为了营造良好的讨论环境,我建议大家不用那么大声。"教师的回应传递了理解学生在讨论中坚信自己观点且想要说服他人的激动,但也指出太大声可能影响到课堂秩序和其他同学的讨论。

3. 为学生提供个性化支持

教师敏锐地觉察到每个学生的需求,并能提供满足需求的个性化支持,这是高敏感教师的典型表现。学生个体间存在差异,不同学生的心理需求不一样,敏感的教师应意识到学生的不同需求并给予回应,就算面对同样需求的学生,不同情境下的回应方式也不尽相同,应当因时、因地、因人提供个性化支持。如在课堂分享环节中,高敏感教师既会用"这个观点很新颖,为我们了解相关理论提供了新视角"来表达仔细聆听及肯定学生的分享;也会用"你勇敢地表达了你的想法,老师很为你高兴"来向恐惧表达的学生传递了鼓励;同时还会在分享时用余光注意班上的其他同学,以此根据不同学生的需求给予他们个性化支持,以此维持高质量的师生互动。

4. 观摩优质教学活动

班杜拉的社会学习理论强调观察学习在引发人的行为中的作用,观察是习得某种行为的重要途径。因而,教师观摩其他优秀教师的优质教学活动是一个很好的学习机会。通过观察优秀教师觉察学生需求并做出反应的方式、策略、言语表达、非言语动作等,以此不断打磨、澄清自己对学生行为和需求的敏感性,提高自己对学生需求的回应与支持的能力,从而驱动教师自身敏感性的发展。

四、关注学生看法

关注学生看法是师生互动框架下情感支持领域的重要维度,主要指教师与学生互动时是否重视学生的兴趣和看法,重点关注教师能够在多大程度上通过为学生提供自主和领导的机会,满足学生社会化和发展的需求。此外,还关注教师与学生的互动和课堂活动对学生的兴趣、动机和观点的重视程度,教学内容在多大程度上对学生有用并与他们息息相关。教师支持学生自主和决策需求的能力对于创造一个吸引学生的课堂环境至关重要。自我决定理论强调满足个体自主、胜任和情感的需要,将驱动个体内部动机的产生与发展,从而体验到更高水平的健康和幸福感。教师在课堂上为学生提供有意义的选择能够提高学生的参与度,增强学生的自主权和决策权;相反,学生对更大自主权的需求与教师行使控制权之间的不匹配会导致学生学习效率下降。换句话说,不关注学生的观点会减少学生成长的机会,而在师生互动中,如果学生觉得自己是一个独立的个体,有自己的观点,就能提升学习机会和促进学习动力。

叶圣陶先生提出:"凡为教,目的在于达到不需要教。"随着教育的发展、卓越教师的提出,需要教师超越"教书",走向"育人"。以学生为中心的教学理念强调学生的主体作用,教师的主导作用,让学生成为学习活动中的自主选择者、积极探索者。因而,教师在传授知识与技能的过程中,通过为学生提供有意义的选择和任务,允许他们在学习活动中自主选择、自由发挥,重视学生的兴趣和想法,并在学习活动和学生兴趣之间建立联系,以此促进和支持学生的心理发展。此外,教师理解、承认、尊重、重视学生的观点,并在可能的情况下对学生的观点做出回应,让学生有发言权,不仅有助于学生满足自主的需求,还有助于满足学生胜任和情感的需求。当然,在关注学生看法并倡导和支持自主选择的过程中,需要尊重、重视和欣赏每个学生的观点和兴趣,同时也承认学生之间的差异,允许学生个性化地主导课程,并赋予学生责任。

卓越教师的培养对教师职业发展提出了更高的要求,关注学生的看法作为卓越教师理论模型中重要的一环,是教师胜任并关注教书和育人的重要内容,更是教师职业素养和教学能力的体现,培养教师关注学生看法的能力可以从以下几个方面进行。

1. 重视学生的兴趣和想法

重视学生的兴趣和想法有助于增强他们的学习动力和参与度,提高教学的有效性,同时也能帮助他们发展自己的个性和潜能,提升自主学习能力和创造力。教育是一种开放且积极的过程,教师应根据不同教育情境中的实际情况灵活调整互动策略(蒋路易 等,2019),关注、尊重、重视和融合学生的想法,充分考虑学生的兴趣。比如,教师可以定期组织班级讨论或个别面谈,询问学生对课程内容、教学方法以及学校活动的看法,学生可以分享自己的兴趣爱好,表达对某些主题的兴趣,提出他们对学习的期望和需求。除了直接交流外,教师还可以通过观察学生的课堂行为和参与度来了解他们的兴趣和想法,尝试在课堂上引入更多与学生兴趣爱好相关的内容,或者组织相关的活动和项目,鼓励学生积极参与并发挥所长。

2. 支持学生自主选择

教师在师生互动的过程中,为学生提供有意义的选择和任务,允许并鼓励学生自主选择,教师可以在学习任务中提供不同的选项,让学生选择他们感兴趣或善于的主题或项目。这样做可以增加学生对学习的主动性,并激发他们的学习热情。教师可以给予学生参与课堂决策的机会,包括课程内容、学习方式和评估方法等。鼓励学生提出建议,并尊重他们的选择。同时,教师可以通过提供相关资源、分享经验和提供反馈等方式给学生以适宜的支持和指导,确保学生在选择过程中做出正确的决策。

3. 鼓励学生表达观点

教师可以建立一种宽松、尊重和包容的学习氛围,让学生在安全的环境里自由表达自己的想法,并定期为学生提供表达自己想法的机会。同时,让学生感受到他们的观点会被认真倾听,并且不会受到批评或嘲笑。比如,教师可以组织小组讨论、课堂互动等活动,在活动中鼓励学生表达观点,并重视学生的想法,尊重学生不同的观点和意见,鼓励他们分享自己的看法。此外,教师要给予学生积极地反馈和鼓励,鼓励他们继续表达观点,引发学生深入思考并进一步发展自己的观点。

参考文献

一、中文参考文献

白胜南,韩继伟,李灿辉,2019.教师变量对学生数学成绩影响的研究[J].教师教育研究,31(3):70-76,85.

白益民,2000.高成效教师行为特征研究[J].教育研究与实验(4):31-37,73.

毕重增,黄希庭,2005.中学教师成就动机、离职意向与倦怠的关系[J].心理科学(1):28-31.

蔡宝来,车伟艳,2012.有效教师的素质构成.当代教育与文化[J].4(2):18-23.

陈晓端,STEPHEN K,2005.当代西方有效教学研究的系统考察与启示[J].比较教育研究(8):56-60,71.

储平平,2017.构建教师积极情绪 助推高校问题学生良性转化[J].赤峰学院学报(自然科学版),33(21):162-163.

谌启标,2006.美国卓越教师研究述评[J].集美大学学报,7(2):42-46.

崔新玲,梁进龙,2011.我国教师职业认同研究综述[J].晋城职业技术学院学报,4(4):68-71.

邓小平,孙晓娟,张向葵,2013.美国学前教育中课堂评估编码系统述评[J].外国教育研究,40(6):24-30.

丁舒,2007.国内外"有效教师"研究述评[J].中小学教师培训,23(7):6-8.

丁新胜,2006.试论教师心理素质的内涵、结构与特征[J].贵州社会科学

(1):95-96,85.

丁亚东,刘益,2020.乡村教师职业倦怠与学生成绩:基于CEPS2014的实证研究[J].教师教育研究,32(4):72-78,128.

范兴华,林丹华,2007.农村初中师生关系与学生人格特征的相关性[J].中国临床心理学杂志(5):522-523.

傅安国,郑剑虹,2012.人际关系网络对事业生涯发展影响的质性研究:以三所重点本科院校的优秀毕业生为例[J].青年研究(3):63-74,95.

盖立春,2011.复杂性科学视野下的化学课堂"教学行为组合"研究[D].长春:东北师范大学.

高明书,1999.教师心理学[M].北京:人民教育出版社.

高巍,2012.教师行为与学生行为的关系解析[J].教育研究,33(3):100-106.

苟廷琴,2009.初中历史课课堂管理的问题与对策研究[D].长春:东北师范大学.

郭勇,2014.美国临床实践型教师培养模式研究[J].信阳师范学院学报(哲学社会科学版),34(4):61-64.

韩龙淑,2008.数学启发式教学研究述评[J].教学与管理(中学版),11(31):52-54.

郝海涛,刘悦,2009.高校体育教师成就动机、职业倦怠和离职意向的关系研究[J].浙江体育科学,31(5):93-96.

何雪梅,2015."有效课堂"评估表的建构研究[J].文理导航:教育研究与实践(3):19-19.

姬鸣,李晓阳,游旭群,2016.教师情感支持的内涵、评估及其对学生发展的影响[J].天水师范学院学报,36(3):111-115.

姬鸣,赵晶婕,郭晶晶,2016.有效教师的心理及行为特征研究[J].教育教学论坛(23):25-26.

贾娟,2012.教师情感支持及其对中学生自尊、学业自我效能感的影响研究[D].重庆:西南大学.

蒋路易,郭力平,吕雪,2019.CLASS视角下师幼互动研究的元分析:基于中国14省市892名教师的师幼互动质量评估结果[J].学前教育研究(4)：32-44.

克里斯托夫·戴,陈彦旭,2009.保持激情：成就优秀教师[J].教育研究(3)：60-64,80.

赖丹凤,伍新春,吴思为,等,2012.我国中学教师激励风格的表现形式与主要类型[J].教师教育研究,24(4)：19-24.

乐星宇,2023.幼儿园教师创造性教学行为的内涵特征与形成机理[J].教师教育学报,10(3)：26-32.

雷浩,2014.CSI：一种教师关怀行为的分析框架[J].上海教育科研(4)：64-67.

李彩娜,邹泓,杨晓莉,2005.青少年的人格、师生关系与心理健康的关系研究[J].中国临床心理学杂志(4)：65-67,76.

李春芳,2012.网络生态学视角下的大学英语教师知识建构[J].考试与评价(大学英语教研版)(5)：87-93.

李明蔚,毛亚庆,顾欣,2021.教师社会情感能力对学生社会情感能力的影响：多重中介效应分析[J].教师教育研究,33(6)：24-31.

李涛,谢燕,2017.有效教学视域下教师核心素养结构及其发展路径[J].教师教育论坛,30(12)：28-30.

李志,牛丽琴,2006.课堂教学质量评估指标结构的实证研究[J].重庆大学学报：社会科学版,12(1)：126-129.

梁文艳,李涛,2018.基于课堂观察的教师教学质量评价：框架、实践与启示[J].教师教育研究,30(1)：64-71.

梁文艳,孙冉,2020.教师合作如何提升学生学业成绩?：教师教学实践和学生学习动机的链式中介作用[J].教师教育研究(3)：90-97.

林崇德,2008.发展心理学[M].北京：人民教育出版社：320-327.

刘丽艳,刘永兵,2012.高中英语课堂环境与学习成果的关系研究[J].外语教学理论与实践(4)：76-82.

刘万伦,沃建中,2005.师生关系与中小学生学校适应性的关系[J].心理发展与教育(1)：87-90.

刘艳彬,周耀烈,2010.大学本科教师课堂教学评估指标研究[J].科研管理,31(S1):39-43,53.

刘玉梅,2013.初中生课堂不良行为特点及管理[J].新疆广播电视大学学报,17(4):59-62.

刘振宇,2011.改变传统"填鸭"式课堂教学:努力构建高效数学课堂[J].学理论(16):183-184.

罗超,2014.试论有效教学的教师个人知识[J].当代教育科学(5):33-35.

罗萍,2006.试论教师信息素养[J].攀枝花学院学报(6):52-54.

马淑风,杨向东,2021.促进高阶思维发展的合作推理式学习[J].教育发展研究,41(24):64-73.

马元旦,2023.核心素养背景下的初中历史课堂提问策略[J].中学课程辅导(21):9-11.

孟凡玉,陈佑清,2015.小学数学课堂师生互动质量的观察与评价:基于"课堂师生互动评估系统(CLASS)"的实证研究[J].基础教育,12(5):69-77.

莫雷,2002.教育心理学[M].广州:广东高等教育出版社.

皮连生,2003.学与教的心理学[M].第3版.上海:华东师范大学出版社.

申继亮,余贤君,谭瑞,1994.提高小学教师教学水平途径的内隐理论研究[J].心理发展与教育(2):40-43,64.

时丽莉,2004."弗兰德互动分析系统"在课堂教学中的应用[J].首都师范大学学报:社会科学版(S2):163-165.

石晓媛,2013.课堂组织形式及语言环境对学生听力的影响[J].内蒙古农业大学学报(社会科学版),15(6):47-50.

宋广文,魏淑华,2006.影响教师职业认同的相关因素分析[J].心理发展与教育(1):80-86.

苏丹,2007.适应取向中学生心理健康量表的初步编制[D].重庆:西南大学.

孙宏安,2004.努力提高教师的创新素养:教师继续教育再研究[J].大连教育学院学报(1):4-7.

唐松林,2001.论创造性教学模式[J].外国教育研究(1):17-23.

田宇,刘爱,2010.论有效教学视域下会计教师知识结构[J].财会通讯(28):38-39.

王斌华,2003.教师评价模式:合同计划法[J].当代教育论坛(5):34-36.

王斌华,2004.教师评价模式:教学档案袋[J].教育理论与实践(13):24-28.

王斌华,2004.教师评价模式:微格教学评价法[J].全球教育展望,33(9):43-47.

王斌华,2005.课堂听课评价法[J].当代教育论坛(2):38-42.

王斌华,2005.教师评价:绩效考评法[J].全球教育展望,34(5):47-51,80.

王斌华,2005.教师评价:增值评价法[J].教育理论与实践(23):22-25.

王继平,盛晓君,2016.简析职教教师企业实践的必要性与有效性[J].中国职业技术教育(3):44-47.

王明月,2014.基于汉语国际教育的多维度课堂问题行为分析模式研究[D].武汉:武汉大学.

王瑞,顾鑫城,2020.美国丹佛市教师有效教学评价模式探析及启示[J].教育测量及评价(4):30-38.

王熔纯,2022.教师期望、学生自我教育期望对课堂师生互动的影响研究:以J市X高中为例[D].上海:华东师范大学.

王曦,2000.有效教学与低效教学的课堂行为差异研究[J].教育理论与实践(9):50-53.

王希华,张哲,2006.学校人际关系与学生心理健康的相关研究[J].中国健康心理学杂志(3):258-260.

王雪梅,2020.高校外语教育新常态下的教师专业发展:内涵与路径[J].山东外语教学,41(4):11-18.

王旭,刘衍玲,林杰,等,2022.亲子关系对中学生心理健康的影响:社会支持和心理素质的链式中介作用[J].心理发展与教育,38(2):263-271.

王玉谦,2001.关爱学生是素质教育的起点和基础[J].黄河科技学院学报

(4):127-128.

王耘,王晓华,张红川,2001.3—6年级小学生师生关系:结构、类型及其发展[J].心理发展与教育(3):16-21.

温福星,2009.阶层线性模型的原理与应用[M].北京:中国轻工业出版社.

吴长刚,聂立川,2008.论课堂教学活动中的有效教师行为[J].河北师范大学学报(教育科学版),10(8):57-60.

吴宏,徐斌艳,2008.基于有效教学理论的教师专业化发展[J].北京教育学院学报,22(2):71-73.

吴洁清,董勇燕,周治金,2015.教师创造性教学行为对中学生创造性问题解决的影响[J].应用心理学,21(3):281-288.

吴志华,柳海民,2004.论教师专业能力的养成及高师教育课程的有效教学途径[J].教师教育研究(3):27-31.

夏可欣,2022.高中生英语课堂环境与自主学习关系研究[D].武汉:华中师范大学.

肖庆华,2012.论有效教学的评价标准[J].吉林省教育学院学报,28(5):35-36.

胥兴春,杨聃旎,贾娟,2014.中学生感知的教师情感支持问卷编制及特点研究[J].西南大学学报(自然科学版)(6):175-179.

薛桂琴,杨琴,2020.教师积极情绪在课堂教学过程中的运用[J].教育观察,9(43):35-37.

严玉萍,2008.试论有效教师的个性品质[J].教育探索,27(7):99-100.

杨开泛,2020.文学批评的维度与英美文学课程教学目标矩阵设计[J].温州职业技术学院学报,20(1):87-91.

杨纳名,2016.整体提升师范生教师专业能力研究博士[D].兰州:西北师范大学.

杨雪,2011.成为有效教师的实施策略[J].吉林省教育学院学报(学科版),27(10):139-140.

姚本先,2008.学校心理学教育[M].合肥:安徽大学出版社:6-9.

姚坤伦,2008.教师人际关系对学生的影响[J].科学咨询(教育科研)

(S1):17.

姚利民,2004.有效教学研究[D].上海:华东师范大学.

姚梅林,王泽荣,吕红梅,2003.从学习理论的变革看有效教学的发展趋势[J].北京师范大学学报(社会科学版)(5):22-27.

叶立军,彭金萍,2012.教师课堂教学反馈行为存在的问题及化解策略[J].当代教育科学(4):37-40.

游旭群,李瑛,2023.教师心理健康教育[M].西安:陕西师范大学出版总社.

于春艳,解书,2013.有效教师及其养成:西方有效教师研究[J].广西师范大学学报(哲学社会科学版),49(6):52-160.

俞国良,辛自强,2000.教师信念及其对教师培养的意义[J].教育研究(5):16-20.

余熙素,2009.刍议教师课堂信息有效传递[J].科学咨询(22):12-12.

余中根,2014.教师教育研究重心的转换及思考[J].教师教育论坛,27(2):12-15.

岳泉汐,路海东,2014.高中生感知到的教师情感支持的干预研究[J].教育测量与评价:理论版(6):47-51.

张春莉,马慧珍,吴加奇,2015.师生人际关系对教师教学反馈及学生行为的影响研究[J].教育学报,11(2):28-35.

张华,2014.高中生教师期望知觉、学习动机、学习成绩和实现幸福感的关系[J].现代中小学教育(9):59-64.

张景焕,初玉霞,林崇德,2008.教师创造性教学行为评价量表的结构[J].心理发展与教育(3):107-112.

张丽华,张索玲,宁微,2009.师生关系、同伴关系影响青少年自尊的路径分析[J].中国健康心理学杂志,17(11):1378-1381.

张丽敏,2012.教师使命的内涵及特征探讨[J].教师教育研究,24(6):7-12,19.

张茜,2008.浅谈课堂管理[J].中国医药指南,6(16):111-113.

张青民,2015.课堂组织能力提升策略探讨[J].统计与管理(7):181-182.

张晓,陈会昌,2008.关系因素与个体因素在儿童早期社会能力中的作用[J].心理发展与教育(4):19-24.

赵庆红,徐锦芬,2012.大学英语课堂环境与学生课堂行为的关系研究[J].外语与外语教学(4):66-69.

赵风波,戴伟伟,2008.课堂教学中有效的教师反馈原则与方法[J].现代教育科学(中学校长)(4):60-61.

钟斌,2019.壮族高中生学习动机、学习策略、学习主观幸福感的关系[D].桂林:广西师范大学.

钟懋镇,2021.小学数学教学的有效策略分析[C].2021年教育创新网络研讨会论文集(2):232-234.

周凌云,2012.高中生主观幸福感与学习动机的调查研究[D].苏州:苏州大学.

周兴国,2008.论有效教学的正当性[J].教育研究(11):69-73.

朱镜人,2003.有效的教师及有效教学:国外中小学教师在职培训的教学理论研究述要[J].安徽教育学院学报(2):83-86.

朱永新,任苏民,2000.中国道德教育:发展趋势与体系创新[J].教育研究(12):10-15.

朱贤,1997.导入技能[J].佛山大学学报,15(6):13-17.

邹泓,屈智勇,叶苑,2007.中小学生的师生关系与其学校适应[J].心理发展与教育(4):77-82.

二、英文参考文献

ALGAN Y, CAHUC P, SHLEIFER A, 2013. Teaching practices and social capital[J]. American Economic Journal: Applied Economics, 5(3):189-210.

ANDERSON L M, EVERTSON C M, EMMER E T, 1980. Dimensions in classroom management derived from recent research[J]. Journal of Curriculum studies, 12(4):343-356.

ANDERSON A, HAMILTON R J, HATTIE J, 2004. Classroom climate and motivated behaviour in secondary schools[J]. Learning environments research, 7:211-225.

ARENS A K, MORIN A J S, 2016. Relations between teachers' emotional exhaustion and students' educational outcomes[J]. Journal of Educational Psychology, 108(6):800-813.

ARLIN M, 1979. Teacher transitions can disrupt time flow in classrooms[J]. American educational research journal, 16(1):42-56.

ARNOLD D H, MCWILLIAMS L, ARNOLD E H, 1998. Teacher discipline and child misbehavior in day care: Untangling causality with correlational data[J]. Developmental psychology, 34(2):276-287.

AZMITIA M, 1988. Peer interaction and problem solving: When are two heads better than one?[J]. Child development, 59(1):87-96.

BENNACER H, 2000. How the socioecological characteristics of the classroom affect academic achievement[J]. European Journal of Psychology of Education, 15:173-189.

BIGGS J B, 1987. Student approaches to learning and studying. Research Monograph[M]. Melbourne: Australian Council for Educational Re-search Ltd.

BOWMAN B, STOTT F, 1994. Understanding development in a cultural context: The challenge for teacher[J]. Diversity and developmentallyappropriate practices: Challenges for early childhood education:19-34.

BRAUN S S, SCHONERT-REICHL K A, ROESER R W, 2020. Effects of teachers' emotion regulation, burnout, and life satisfaction on student well-being[J]. Journal of applied developmental psychology, 69:101-151.

BRONFENBRENNER U, CECI S J, 1994. Nature-nuture reconceptualized in developmental perspective: A bioecological model[J]. Psychological review, 101(4):568-586.

BROPHY J, GOOD T, 1986. Teacher behavior and student achievement[M]. New York: McMillan.

CAMERON C E, CONNOR C M D, MORRISON F J, 2005. Effects of variation in teacher organization on classroom functioning[J]. Journal of School Psychology, 43(1):61-85.

CLARKE D J,PETER A,1993. Modelling teacher change[M]. Queensland: Mathematics Education Research Group of Australasia.

COTHRAN D J,KULINNA P H,GARRAHY D A,2009. Attributions for and consequences of student misbehavior[J]. Physical Education and Sport Pedagogy,14(2):155-167.

COTTON J,1995. The theory of learners: an introduction[M]. London: kogan page.

COLLIER M D,2005. An ethic of caring:The fuel for high teacher efficacy[J]. The Urban Review,37(4):351-359.

COLLINS P H,1990. Black feminist thought: Knowledge, consciousness, and the politics of empowerment[M]. New York: Routledge.

CROPLEY A J,1997. Fostering creativity in the classroom: General principles [J]. The creativity research handbook,1:1-46.

DAN D G,DOMINIC J B,1999. Teacher licensing and student achievement. In M. Kanstoroom & C. Finn(Eds.),Better teachers,better schools[M]. Washington DC: The Thomas Fordham.

DARLING-HAMMOND L,2000. Teacher quality and student achievement:A review of state policy evidence[J]. Education Policy Analysis Archives,8(1):44-49.

DEMARAY M K,MALECKI C K,2002. The relationship between perceived social support and maladjustment for students at risk[J]. Psychology in the Schools,39(3):305-316.

DORMAN J P,2001. Associations between classroom environment and academic efficacy[J]. Learning Environments Research,4:243-257.

DORMAN J P,2012. The impact of student clustering on the results of statistical tests[J]. Second international handbook of science education:1333-1348.

EMMER E T,STOUGH L M,2001. Classroom management:A critical part ofeducational psychology,with implications for teacher education[J]//Educational psychologist,36(2):103-112.

EVERTSON C M, HARRIS A H, 1999. Support for managing learning – centered classrooms: The classroom organization and management program[J]. Beyond behaviorism: Changing the classroom management paradigm: 59 – 74.

FAST L A, LEWIS J L, BRYANT M J, et al., 2010. Does math self – efficacy mediate the effect of the perceived classroom environment on standardized math test performance? [J]. Journal of educational psychology, 102(3): 729.

FENG L Y, SU Y, HSU C H, et al., 2013. How the teacher E – evaluation system enhances the professional development of k – 12 teachers: The case of Taiwan[J]. Procedia – Social and Behavioral Sciences, 106: 1357 – 1367.

FLANDERS N A, 1963. Intent, action and feedback: A preparation for teaching [J]. Journal of Teacher Education, 14(3): 251 – 260.

FRASER B J, 2001. Twenty thousand hours: Editor' introduction[J]. Learning Environments Research, 4: 1 – 5.

FREDRICKSON B L, 2001. The role of positive emotions in positive psychology: The broaden – and – build theory of positive emotions[J]. American psychologist, 56(3): 218.

GABLE R A, HESTER P H, ROCK M L, et al., 2009. Back to basics: Rules, praise, ignoring, and reprimands revisited[J]. Intervention in Schooland Clinic, 44(4): 195 – 205.

GAGE N L, NEEDELS M C, 1989. Process – product research on teaching: A review of criticisms[J]. The elementary school journal, 89(3): 253 – 300.

GEVING A M, 2007. Identifying the types of student and teacher behaviours associated with teacher stress[J]. Teaching and Teacher Education, 23(5): 624 – 640.

GOLDSTEIN R, JU N, LELAND H, 2001. An EBIT – based model of dynamic capital structure[J]. The Journal of Business. 74: 483 – 512.

GOODLAD J I, 1984. A place called school: Prospects for the future[M]. New York: McGraw – Hill Book Company.

GOODLAD J I, 1984. Introduction: The uncommon common school[J]. Education and urban society,16(3):234-252.

GORDON R,KANE T J,STAIGER D O,2006. Identifying effective teachers using performance on the job[J]. Brookings Institution:2006-01.

GRAHAM L J,WHITE S L J,COLOGON K,et al. ,2020. Do teachers' years of experience make a difference in the quality of teaching? [J]. Teaching and teacher education,96:103190.

HALL D T,CHANDLER D E,2005. Psychological success:When the career is a calling[J]. Journal of Organizational Behavior:The International Journal of Industrial,Occupational and Organizational Psychology and Behavior,26(2):155-176.

HAMRE B K,PIANTA R C,2001. Early teacher-child relationships and the trajectory of children's school outcomes through eighth grade[J]. Child development,72(2):625-638.

HAMRE B K,PIANTA R C,2005. Can instructional and emotional supportin the first-grade classroom make a difference for children at risk of school failure? [J]. Child development,76(5):949-967.

HATTIE J,TIMPERLEY H,2007. The power of feedback[J]. Review of educational research,77(1):81-112.

HERMAN K C,HICKMON-ROSA J E,REINKE W M,2018. Empirically derived profiles of teacher stress,burnout,self-efficacy,and coping and associated student outcomes[J]. Journal of Positive Behavior Interventions,20(2):90-100.

HOWES C, BURCHINAL M, PIANTA R, et al. , 2008. Ready to learn? Children's pre-academic achievement in pre-kindergarten programs[J]. Early childhood research quarterly,23(1):27-50.

HUGHES J,KWOK O M,2007. Influence of student-teacher and parent-teacher relationships on lower achieving readers' engagement and achievement in the primary grades[J]. Journal of educational psychology,99(1):39.

JEON L,BUETTNER C K,SNYDER A R,2014. Pathways from teacher depression and child-care quality to child behavioral problems[J]. Journal of consulting and clinical psychology,82(2):225.

JEROME E M,HAMRE B K,PIANT R C,2009. Teacher-child relationships from kindergarten to sixth grade: Early childhood predictors of teacher-perceived conflict and closeness[J]. Social development,18(4):915-945.

KLUSMANN U,ALDRUP K,ROLOFF J,et al.,2022. Does instructional quality mediate the link between teachers' emotional exhaustion and student outcomes? A large-scale study using teacher and student reports[J]. Journal of Educational Psychology,114(6):1442.

KLUSMANN U,RICHTER D,LüDTKE O,2016. Teachers' emotional exhaustion is negatively related to students' achievement: Evidence from a large-scale assessment study[J]. Journal of Educational Psychology,108(8):1193.

KOKKINOS C M,2007. Job stressors,personality and burnout in primary school teachers[J]. British journal of educational psychology,77(1):229-243.

KORTHAGEN F A J,2004. In search of the essence of a good teacher: Towards a more holistic approach in teacher education[J]. Teaching and teacher education,20(1):77-97.

LAMBERT R,ABBOTT-SHIM M,MCCARTY F,2002. The relationship between classroom quality and ratings of the social functioning of Head Start children[J]. Early Child Development and Care,172(3):231-245.

LEE J C K,ZHANG Z,YIN H,2010. Using multidimensional rasch analysis to validate the Chinese version of the motivated strategies for learning questionnaire(MSLQ-CV)[J]. European Journal of Psychology of Education,25:141-155.

LEHMAN R,2007. The relationship of elementary school principals' perceptions of self-efficacy and student achievement[D]. Wisconsin University of Wisconsin-Milwaukee.

LEWIS R,2001. Classroom discipline and student responsibility: The students' view[J]. Teaching and teacher education,17(3):307-319.

LEWIS R, ROMI S, KATZ Y J, et al., 2008. Students' reaction to classroom discipline in Australia, Israel, and China[J]. Teaching and teacher education, 24(3):715-724.

LEWIS R, ROMI S, QUI X, et al., 2005. Teachers' classroom discipline and student misbehavior in Australia, China and Israel[J]. Teaching and Teacher Education, 21(6):729-741.

LINDA D H, 2000. How teacher education matters[J]. Journal of teacher education, 51(3):166-173.

LITTLE S G, AKIN - LITTLE A, 2008. Psychology's contributions to classroom management[J]. Psychology in the Schools, 45(3):227-234.

LUBLIN J, 2003. Deep, surface and strategic approaches to learning: Good practice in teaching and learning[J]. Retrieved on November, 13(2011):4-11.

MALECKI C K, DEMARAY M K, 2003. What type of support do they need? Investigating student adjustment as related to emotional, informational, appraisal, and instrumental support[J]. School psychology quarterly, 18(3):231.

MARSHALL K, 2005. It's time to rethink teacher supervision and evaluation [J]. Phi Delta Kappan, 86(10):727-735.

MATHER N, GOLDSTEIN S, 2001. Learning - disabilities and challenging behaviors: a guide to intervention and classroom management[M]. Baltimore, md: paul h. brookes publishing.

MAULANA R, HELMS - LORENZ M, KLASSEN R M, 2023. Effective teaching around the world: Theoretical, empirical, methodological and Practical Insights [M]. Springer International Publishing.

MCELROY E, STEINSCHNEIDER A, WEINSTEIN S, 1986. Emotional and health impact of home monitoring on mothers: A controlled prospective study [J]. Pediatrics, 78(5):780-786.

MCLEAN L, CONNOR C M, 2015. Depressive symptoms in third - grade teachers: Relations to classroom quality and student achievement[J]. Child development, 86(3):945-954.

MEECE J L,ANDERMAN E M,ANDERMAN L H,2006. Classroom goal structure, student motivation, and academic achievement[J]. Annual Review of Psychology,57:487-503.

MEEHAN B T,HUGHES J N,CAVELL T A,2003. Teacher-student relationships as compensatory resources for aggressive children[J]. Child development,74(4):1145-1157.

MORRISON F J,CONNOR C M,2002. Understanding schooling effects on early literacy: A working research strategy[J]. Journal of School Psychology,40(6):493-500.

NICOL D J,MACFARLANE-DICK D,2006. Formative assessment and self-regulated learning: A model and seven principles of good feedback practice[J]. Studies in higher education,31(2):199-218.

OBERLE E,SCHONERT-REICHL K A,2016. Stress contagion in the classroom? The link between classroom teacher burnout and morning cortisol in elementary school students[J]. Social science & medicine,159:30-37.

O'CONNOR E E,DEARING E,COLLINS B A,2011. Teacher-child relationship and behavior problem trajectories in elementary school[J]. American Educational Research Journal,48(1):120-162.

OKPALA C O,ELLIS R,2005. The perceptions of college students on teacher quality: Afocus on teacher qualifications[J]. Education,126(2):374-383.

PAKARINEN E,KIURN N,LERKKANEN M K,et al.,2011. Instructional support predicts children's task avoidance in kindergarten[J]. Early Childhood Research Quarterly,26(3):376-386.

PALMER P J,2003. Teaching with heart and soul: Reflections on spirituality in teacher education[J]. Journal of teacher education,54(5):376-385.

PARO K M L,HAMRE B K,LOCASALE-CROUCH J,et al.,2009. Quality in kindergarten classrooms: Observational evidence for the need to increase children's learning opportunities in early education classrooms[J]. Early education and development,20(4):657-692.

PATRICK H, RYAN A M, KAPLAN A, 2007. Early adolescents' perceptions of the classroom social environment, motivational beliefs, and engagement[J]. Journal of educational psychology, 99(1):83.

PIANTA R C, LA PARO K M, HAMRE B K, 2008. Classroom assessment scoring system™: Manual K-3[M]. Paul H Brookes Publishing.

PIANTA R C, HAMRE B K, 2009. Conceptualization, measurement, and improvement of classroom processes: Standardized observation can leverage capacity[J]. Educational researcher, 38(2):109-119.

PIANTA R C, NIMETZ S L, 1991. Relationships between children and teachers: Associations with classroom and home behavior[J]. Journal of applied developmental psychology, 12(3):379-393.

PIANTA R C, STUHLMAN M W, 2004. Teacher-child relationships and children's success in the first years of school[J]. School psychology review, 33(3):444-458.

POLLARD A, 2002. Readings for reflective teaching[M]. A&C Black:248-251.

PORTER A C, BROPHY J E, 1987. Good teaching: Insights from the work of the institute for research on teaching[J]. Educational Leadership, 45(8):75-84.

RACHEL Y, BONNIE L, 2010. Adults make a difference: The protective effects of parent andteacher emotional support on emotional and behavioral problems of peer-victimizedadolescents[J]. Journal of Community Psychology, 10(2):80-98.

RETELSDORF J, GÜNTHER C, 2011. Achievement goals for teaching and teachers' reference norms: Relations with instructional practices[J]. Teaching and teacher education, 27(7):1111-1119.

RICHARDSON G E, NEIGER B L, JENSEN S, et al., 1990. The resiliency model[J]. Health education, 21(6):33-39.

ROACHE J, 2009. The vicious circle of middle years classroom management

[J]. Professional Voice,6(3):39-44.

ROACHE J E,LEWIS R,2011. The carrot,the stick,or the relationship:What are the effective disciplinary strategies? [J]. European Journal of Teacher Education,34(2):233-248.

ROACHE J,LEWIS R,2011. Teachers' views on the impact of classroom management on student responsibility[J]. Australian journal of education,55(2):132-146.

ROCKOFF J E, SPERONI C, 2011. Subjective and objective evaluations of teacher effectiveness:Evidence from New York City[J]. Labour Economics,18(5):687-696.

ROMI S,LEWIS R,KATZ Y J,2009. Student responsibility and classroom discipline in Australia, China, and Israel[J]. Compare:A Journal of Comparative and International Education,39(4):439-453.

ROMI S,LEWIS R,ROACHE J,et al. ,2011. The impact of teachers' aggressive management techniques on students' attitudes to schoolwork[J]. The Journal of Educational Research,104(4):231-240.

ROORDA D L,KOOMEN H M Y,SPILT J L,et al. ,2011. The influence of affective teacher-student relationships on students' school engagement and achievement:A meta-analytic approach[J]. Review of educational research,81(4):493-529.

ROSENSHINE B,STEVENS R,1986. Teaching functions[J]. Handbook of research on teaching,3:376-391.

RUSSELL D,PURKEY W,SIEGEL B L,1982. The artfully inviting teacher:A hierarchy of strategies[J]. Education,103(1).

RYAN A M, GHEEN M H, MIDGLEY C,1998. Why do some students avoid asking for help? An examination of the interplay among students' academic efficacy,teachers' social-emotional role,and the classroom goal structure[J]. Journal of educational psychology,90(3):528.

RYAN R M,DECI E L,2000. Self-determination theory and the facilitation of intrinsic motivation, social development, and well-being[J]. American psychologist,55(1):68.

SANDER P, SANDERS L,2005 Students' presentations: Does the experience change their views? [J]. Psychology Teaching Review,11(1):25-41.

SANDERS M G,EPSTEIN J L,2002. School-family-community partnerships and educational change:international perspectives[J]. Kluwer international handbooks of education,1(5):482-504.

SANDERS W L,RIVERS J C,1996. Cumulative and residual effects of teachers on future student academic achievement[R]. Knoxville: University of Tennessee Value-Added Research and Assessment Center.

SANDERS W L, WRIGHT S P, HORN S P,1997. Teacher and classroom context effects on student achievement: Implications for teacher evaluation[J]. Journal of Personnel Evaluation in Education,11:57-67.

SAWKA K D, MCCURDY B L, MANNELLA M C,2002. Strengthening emotional support services: An empirically based model for training teachers of students with behavior disorders[J]. Journal of emotional and behavioral disorders,10(4):223-232.

SEEL N M,2011. Encyclopedia of the sciences of learning[M]. Berlin:Springer Science & Business Media.

SEIDMAN A,2005. The learning killer:Disruptive student behavior in the classroom[J]. Reading improvement,42(1):40-47.

SHINKFIELD A J,STUFFLEBEAM D L,2012. Teacher evaluation:Guide to effective practice[M]. Berlin:Springer Science & Business Media:173-319.

SHULMAN L S,1984. The practical and the eclectic: A deliberation on teaching and educational research[J]. Curriculum Inquiry,14(2):183-200.

SHUTE V J,2008. Focus on formative feedback[J]. Review of educational research,78(1):153-189.

SKAALVIK E M,SKAALVIK S,2007. Dimensions of teacher self-efficacy and relations with strain factors, perceived collective teacher efficacy, and teacher burnout[J]. Journal of educational psychology,99(3):611.

SKAALVIK E M,SKAALVIK S,2010. Teacher self-efficacy and teacher burnout:A study of relations[J]. Teaching and teacher education,26(4):1059-1069.

SMITH L R,HODGIN B N,1985. A low-inference indicator of lesson structure in mathematics[J]. The Journal of Experimental Education,53(2):102-105.

SPILT J L,KOOMEN H M Y,THIJS J T,2011. Teacher wellbeing:The importance of teacher-student relationships[J]. Educational psychology review,23(4):457-477.

SULLIVAN A,2001. Cultural capital and educational attainment[J]. Sociology,35(4):893-912

TORGESEN J K,2002. The prevention of reading difficulties[J]. Journal of school psychology,40(1):7-26.

TURNER J C,MIDGLEY C,MEYER D K,et al.,2002. The classroom environment and students' reports of avoidance strategies in mathematics:A multimethod study[J]. Journal of educational psychology,94(1):88.

VOGT C G,1984. Developing a teacher evaluation system[J]. Spectrum,2(1):41-46.

VOSBURG F,1972. The use of emotional support in dentistry[J]. Journal of the Canadian Dental Association,38(11):417-418.

WENGLINSKY H,2000. How teaching matters:Bringing the classroom back into discussions of teacher quality(ETS Policy Information Center Report)[J]. Princeton,NJ:Educational Testing Service.

WENTZEL K R,2002. Are effective teachers like good parents? Teaching styles and student adjustment in early adolescence[J]. Child development,73(1):287-301.

WENTZEL K R,2004. Understanding classroom competence:The role of social-motivational and self-processes[J]. Advances in child development and behavior,32:213-241.

WHARTON-MCDONALD R,PRESSLEY M,HAMPSTON J M,1998. Literacy instruction in nine first-grade classrooms:Teacher characteristics and student achievement[J]. The elementary school journal,99(2):101-128.

WILLIAMS G C,GROW V M,FREEDMAN Z R,et al.,1996. Motivational predictors of weight loss and weight-loss maintenance[J]. Journal of personality and social psychology,70(1):115.

WOTRUBA T R,WRIGHT P L,1975. How to develop a teacher-ratinginstrument: A research approach[J]. Journal of Higher Education, 46(6):653-663.

YEUNG R,LEADBEATER B,2010. Adults make a difference:The protective effects of parent and teacher emotional support on emotional and behavioral problems of peer-victimized adolescents[J]. Journal of Community Psychology,38(1):80-98.

YOUNG D J,1990. An investigation of students' perspectives on anxiety and speaking[J]. Foreign language annals,23(6):539-553.

ZAARE M,2013. An investigation into the effect of classroom observation on teaching methodology [J]. Procedia-Social and Behavioral Sciences,70:605-614.

ZOHAR A,DEGANI A,VAAKNIN E,2001. Teachers' beliefs about low-achieving students and higher order thinking[J]. Teaching and teacher education,17(4):469-485.